KB237434

문체론文體論

차례
Contents

들어가는 ^글

엄밀한 의미에서 아리스토텔레스의 수사학으로부터 출발한 문체론은 근대에 이르러 비로소 언어학 또는 문학에서 본격적인 접근이 이루어지고 있다. 지금까지 문체론은 서양의 보슬러Vossler(1938), 바이이Bally(1951), 모리에Morier(1959), 세벅Sebeok(1960), 스피제Spitzer(1967), 리파테르Riffaterre(1971) 등의 연구에 힘입어 국내에서는 이태준(1939), 이인모(1975), 박갑수(1977, 1990), 김상태(1982), 김홍수(1992), 황석자(1992) 등에 의해 그 방법과 연구가 축적되어 어느 정도의 학문적 발전은 이루어진 것 같다. 그러나 아직 국내에서의 문체론 연구는 미진한 단계라 할 수 있다.

사실 우리의 문체론은 독일이나 프랑스의 문체론을 수용하거나 종합하고 있는 현실이다. 이렇게 수용된 문체론이 방법론이 별로 없는 국내 문체론 연구자들에게 많은 도움을 준 것은 사실이다. 그러나 실제로는 문체론이라는 학문 분야의 근본적이고 총체적인 이해를 가볍게 여긴 채, 개별적인 이론이나 방법론을 소개하는 차원에 그치고 말았다. 특히 우리의 문체론 연구는 문체론의 학문적 위상이나 발전 과정의 체계적 소개가 미흡하고, 이론들이 산발적이다. 그리고 문학작품의 문체 분석, 즉 문체론을 작가의 인격학人格學 혹은 성격학性格學이라 규정지으면서 주로 이루어져 왔다.

이러한 주관적 인상주의, 서투른 미적 평가(초문체적 단계)는 문학 문체들의 과학적인 문체론의 발전, 즉 언어학적 문체론을 방해하였다. 문학작품에 나타나는 언어를 객관적이고 정확하게 기술하기 위하여 사용되는 이러한 분석 방법들은 작품의 문체적 특징들을 언어적이고 구조적인 사실로 파악하는 것이며, 언어와 문체의 유사 관계 사이에서 생기는 두 개념 간의 차이를 구별하기 위해서는 어떤 과학적인 특별한 방법론, 즉 언어학적인 방법론이 요구된다. 이 책은 이러한 인상주의적 혹은 미학적인 문학적 문체론을 극복하기 위하여, 그리고 문학적인 언어 사용을 다룰 언어학의 영역을 정하기 위하여 문체론의 기원에서부터 문체론의 이론과 동향에 이르기까지를 정리한 입문서이다.

우리는 이 기회를 빌어 문체와 문체론이라는 정의 및 개념의 수용과 문체론의 탄생 과정을 소개하고, 현대 문체론의 핵

심적 학파라 할 수 있는 바이아-스피제-리파테르의 기본적이
고 전반적인 문체 이론들의 개관을 간단히 비교, 소개하면서
현대 문체론의 이해를 돕고자 한다.

문체론의 기원과 발전 과정

글의 문체style, 즉 문자로 이루어진 글의 형식적 특징과 기능을 체계적으로 연구하는 학문인 문체론의 기원은 고대 수사학, 즉 아리스토텔레스의 『수사학』에서 비롯된다. 중세에서 담론을 표현하는 규범으로 쓰이던 문체는 자연발생적이고 개성이 강한 창의성을 중시하다가, 19세기 낭만주의에 이르러서는 문학의 영역에서 직관적이고 인상적인 비평으로 나타난다. 이처럼 문체에 대한 다양한 관점에서와 마찬가지로, 문체를 연구하는 분야인 문체론 분야에서도 그 성격이나 위상에 대한 견해가 다양하게 나타나지만, 새로운 학문으로서의 본격적이고 체계적인 연구는 20세기 프랑스의 샤를르 바이이Charles Bally에 의해 시작된다.

크게 보면 현대 문체론은 두 개의 커다란 유파로 대립된다. 하나는 개별 문체론으로 발생론적 연구, 즉 개인 언어적 차원의 파롤parole을 대상으로 하는 문체론으로 일종의 문예 비평이라 할 수 있는 응용 문체론(문학적 문체론)이고, 다른 하나는 표현 문체론으로 실증적, 기술적 연구를 하는 사회 언어적 차원의 랑그langue를 다루는 문체론으로 순수한 어학적 문체론이다.

현대 언어학에서 음운, 어휘, 통사, 의미 등을 연구하던 문체론 분야는, 언어학의 원리와 지식을 문학 작품에 직접 적용하는 미시적 연구방법뿐만 아니라 그에 대한 거시적 연구 방법인 시학이 등장함에 따라 결국에는 신 수사학의 탄생을 예고한다. 새로운 시학은 신 수사학, 텍스트 언어학, 텍스트 이론, 예술 기호학과 같은 것을 예로 들 수 있다. 새로운 수사학(또는 일반 수사학)은 문장의 수식修飾에 대한 연구에 언어학, 특히 의미론적 방법을 적용하는 것이며, 텍스트 언어학은 촘스키N. Comsky의 생성문법과 담화분석을 결합하여 이루어진 텍스트 분석방법이라 할 수 있다. 또한 미카엘 바흐친의 문체론은 이전까지의 문체론이 글쓴이와 글, 작가와 작품에 초점을 맞추어 온 것과는 다르게, 문체 그 자체의 내적 대화성과 다차원적이고 다음성적(polyphonique)인 특성을 강조한다.

이처럼 문체론 연구의 영역이 점점 확대되어 가고 있음에도 불구하고 여전히 그 이론적 토대들이 일원화되어 있지 않은 까닭은 문체론 연구의 기본적 원칙들의 제문제화, 그리고 학설의 주요 관점들에 대한 골 깊어진 분열이라는 두 가지 문제 때문이다. 이러한 사실에 대한 단적인 갈등의 예는 두 개의 차원에서 나타난다. 첫째, 서로 다른 목적을 가진 작가들의 문체에 대한 연구들을 혼란스럽게 하는 어휘 표현들의 차원이다. 둘째, 일부 연구가들이 한 작품의 독창성을 감상하기 위하여 수사학적 도식에 의한 연구만을 강조하고 통사론, 형태론, 어휘론 등과 같은 언어적 양상들을 가볍게 여기는 경우, 그리고 주어진 텍스트에 연구자의 가치 판단을 개입시키는 경우이다. 문체론자는 자신들의 가치 판단도 스스로 기피하거나, 철저히 거부해야만 한다. 그가 정확히 해야 할 것은 모름지기 '어떻게 작품이 만들어지는가'를 관찰하는 것이다.

그러므로 무엇보다도 문체론 연구에 있어 중요한 것은 주어진 한 문학 작품 속에서 작가가 사용한 언어적 요소들에 기초한 서술의 기술(technique de description)을 적극적으로 찾는 것이다. 이렇게 되면, 문체론은 언어학과 자주 '문학인들(hommes de lettres)'의 환상에 의존하는 비평 사이에 가교를 놓는 격이 된다.

그러나 문체론은 자율적 연구 분야이기 때문에 문체론의 진정한 의도와 관점들을 분명히 정의해야 한다. 이러한 문체론이 제기하는 문제들을 잘 이해하기 위해서는 비록 도식적이기는 하지만, 그 연구 분야에 대한 전경全景을 우선적으로 살펴보아야 한다. 이를 위해 우리는 여러 문체론에 관한 사전과 저자들의 정의가 제기하는 난점들부터 시작하여 문체론의 기원과 문체론의 탄생까지의 발전 과정을 알아보고, 여러 문체론의 동향들 가운데 지금까지 그 연구가 활발하게 진행되고 있을 뿐만 아니라, 통시적 차원에서도 연속성을 지니고 있는 대표적인 문체론 이론들의 연구방법을 제시하고자 한다. 이와 같은 모든 제반 문제들은 '문체론의 분야가 최근 생겨난 것인가?'하는 질문과 '문체론에 대한 많은 논쟁거리들이 있는가?'라는 두 개의 질문에 의해 증명될 것이다.

문체론^{이란 무엇인가?}

18세기 후반부터 19세기 초반, 수사학 교과서들을 대신하여 문체나 글 쓰는 방법에 관한 저서 혹은 연습 문제가 등장하면서 수사학은 문체론으로 대체되기 시작하였고 그것은 매우 다양한 방법으로 이루어졌다. '문체론'이라는 용어는 18세기 후반에 프랑스어 'stylisitique'이란 단어에서 차용되어 본격적으로 사용되기 시작한 것으로, 독일에서 이 용어(독일어로 stilistik)는 언어학의 한 분야인 의미론 탄생과 거의 같은 시기인 19세기말(1876년)부터 사용되었다. 독일과 프랑스에서는 문체론을 흔히 고유 어법 혹은 미사여구(phraséologies)와 동의어로 사용하며, 이것을 라틴어와 그리스어의 어원에서부터 유추해보면 결국 현재의 문체론이라는 용어에 이르게 된다. 이러한 문체론이 '쓰는 기술(art d'écrire)' 또는 '기술의 의미(sens des arts)'라는 최근의 의미를 얻는 데까지는 오랜 시간이 소요된다.

문체론이 문체와 밀접한 관계가 있다면 과연 문체라는 것

stilus

은 무엇인가를 알아 볼 필요가 있다. 원래 '문체'라는 말은 라틴어 'stilus'에 해당하는 말로서 '끝이 뾰족한 필기구'라는 의미에서 필기구가 나타내는 글자의 모양을 의미하다가 다시 서법이나 어법의 방식이라는 의미로 사용된다. 사전1)이나 문체론에 관한 저서를 살펴보면 다양한 정의가 나오는데 이것들 가운데 피에르 기이로Guiraud가 『문체론』에서 언급한 문체의 정의는 '글 쓰는 방법' '한 작가, 한 장르 또는 한 시대의 고유한 글 쓰는 방법'(1975, p.7)으로 나타난다. 그러므로 문체 개념은 시대에 따라, 이데올로기에 따라 달라진다고 할 수 있다.

마찬가지로 문체 개념의 복잡성은 언어 문체를 학문적으로 연구하는 문체론에 있어서도 복합적이고 다양한 관점들을 만들어내기도 한다. 죠르즈 무넹Mounin(1985)의 글을 살펴보면 문체론이라는 분야의 복잡성과 다양성이 상세히 드러난다.

문체론은 그 대상보다 영역에 의해 정의하는 것이 더 수월해 보인다. 사실 이 영역은 일반적인 의미로 보면 미술이나 문학의 영역이 될 수 있으며, 또한 조형 예술, 건축, 음악 그리고 무용 등의 영역이 될 수도 있다. 만약 우리가 문체를 그 영역 속에 주어진 한 작품과 실제로 특별한 미학적 가치를 구별하는 특정한 자질로 정의한다면, 과학적 연구가 가능한 문체론이 진정한 문체에 관한 연구가 되는 것이다.

따라서 문체 분석과 문체 해석의 방법들은 각 연구자에 따라 여러 상이한 문체론적 방법들을 내세운다. 문체 개념의 본질이 다양한 가치에 있다면, 문체론적 텍스트 연구도 다양한 문체의 측면에서 출발한다. 그러나 결국 이 두 개념은 상호보완적이면서도 서로 다른 결과에 이른다. 우리들의 관심 대상이 되는 광범위한 문체론의 정의는 첫째, 연구자에게 기법의 다양한 장을 미리 예견하게 하고 폭 넓은 선택을 부여한다는 것이고, 둘째, 서로 다른 기법들 사이에 실재하는 연관성을 파악할 수 있으며 심지어는 예술적 묘사(portrait artistique)의 연구까지 가능케 한다는 것이다.

여기서 말하는 기법은 물론 문학, 더욱 자세히 말하면 구체적 상황―작가(또는 화자)가 독자(또는 청자)에게 언어 행위를 통하여 그의 사상이나 견해를 전달하는 상황―으로 간주되는 문학적 작품을 말한다. 이러한 상황은 일상적인 대화에서 흔히 일어나기 때문에, 언어학의 범위를 문학 텍스트에 곧바로

적용시킨다면 언어학과 문학 사이에 존재하는 공유영역
(interface)을 설명할 수 있게 된다는 것이다. 이러한 기법은 텍
스트를 연구하는 데 있어 문학과 언어학이라는 두 분야를 따
로 분리해서 생각하지 말아야 한다는 점에서 커다란 의미를
갖고 있다. 이와 같은 연구에서는 로망 야콥슨Jakobson의 업적
이 가장 뛰어난 본보기가 되며, 특히 그의 '담화 분석'은 이러
한 문체론의 방법론을 재생산하는 연구들의 전형을 보여준다
고 하겠다.[2] 야콥슨은 문체라는 말을 사용하지 않은 채, 시적
언어의 특성을 언어 행위가 전언(message)을 지향하는 데 있다
고 말한다. 즉, 언어가 시적 기능을 나타내는 것은 발신자, 수
신자, 접촉, 약호(code)와는 전혀 관계없이 언어 기호(언술 행
위) 자체를 연속적으로 바꿔 전개해 나갈 때(의미나 정보 전달
보다는 행위 자체를 강조할 때)이다. 이는 언어 기호의 자율성
을 강조하고 언어 기호의 명료성(palpabilité)을 늘려나감으로써
기호와 대상간의 관계를 심화시키는 것이다.[3]

　단적인 예를 들어 문헌학(philologie, 어원적으로 philo+logos)
은 랑그의 대상이고 씌어진 문서나 기록에 의해 과거의 문명
을 재인식하는 데 그 목적이 있다. 문서나 기록에 대한 연구는
고대 사회를 이해하거나 서술하는 데 필요한 문법과 이 문법
이 적용되는 텍스트를 배제하고서는 이루어질 수 없다. 따라
서 학문적 성격으로 보아 문헌학은 곧 문체론이라 할 수 있다.
원칙적으로 문헌학은 제도, 관습, 철학 등의 연구들처럼 고전
텍스트(아리스토텔레스, 호머Homère, 베르길리우스Virgile)의 완벽

한 연구라는 점에서 총체적인 특징을 지닌 분야이다. 문헌학에 따르면 전체의 구성에서 문학적인 것(le littéraire)과 문법적인 것(le grammatical)을 구별할 수 없듯이, 형식과 의미도 분리할 수 없다. 이 말은 곧 체계는 스스로 움직이는 어떤 것이 아닌, 일련의 엄격한 약호로 구성된 것이라고 믿게 한다. 더욱 사실적인 것은, 형식과 의미, 언어학과 문학의 분리는 오로지 하나의 인위적 작용이자, 일련의 추상적인 것과는 다른 개인적 실체라는 사실이다. 따라서 만약 문체론의 대상이 랑그라면 우리는 '문학적 언어'와 장소, 상황 등에 따라 여러 가지 다른 수준으로 변할 수 있는 '일상 대화에서의 언어'와의 차이 또는 괴리를 생각해 볼 수 있다.

이러한 문체론은 그 연구 조사의 영역으로 속어와 문어 모두를 포함한다. 우리는 그 증거로 18세기 이후에 나타나는 프랑스 소설의 역사를 들 수 있는데, 서로 다른 수준의 언어를 가지고 등장인물들의 파롤을 재생산한다는 측면에서 실제적 상황을 구성할 수 있는 것이다.4) 결국 문체론은 문학과 언어학의 두 영역에서 구체적이고 명확한 자료체(corpus)를 연구하는 것이다. 이러한 문체론은 한 대상과 정확한 자료체의 직접적인 모습을 되살아나게 하는 특권을 가지고 있으며, 자료체의 예문을 인위적으로 '만들어(fabriquer)'내야만 하는 위험성에서도 벗어나게 한다.

지금까지 언급한 것처럼 문체론은 여러 가지의 목적들 중에서도 한 작가의 문체를 분석하기 위해 그가 지닌 문체의 색

채나 특색의 관찰을 목적으로 한다. 그러면 과연 문체란 무엇
인가? 이를 알아보기 위해 수사학에서의 문체를 살펴보자.

수사학에서의 문체[5]

라틴어 'stilus'와 희랍어 'stylos'의 두 낱말은 앞서 밝힌 것처럼 당시 노트를 대체하고 있던 작은 납으로 된 서판書板에 글자를 새겨 넣을 수 있는 나무나 철로 된 필기도구를 의미했다. 이러한 필기도구의 명칭이 필기 결과의 질에 연관되어 사용했던 문체[6]라는 어휘는 고전 라틴 시대부터 작가의 방식, 학파의 수법 또는 장르의 양식, 글을 쓰는 혹은 말하는 방식을 나타내는 표시를 가리켰다. 고대 수사학에서는 문체를 설득하는 기법의 일부분으로 보았고 웅변술을 배우는 데 효과적인 훈련 방법으로 그것을 채택했다. 이때 문체의 개념이 바로 '규범적'이란 의미의 것이다. 그러나 당시의 문학 이론은 제한된 목적을 가지고 있었는데, 고대 수사학에서 문체는 바로 쓰는 기법의 합리적 이상, 장식, 문채文彩, 즉 교육에 관한 문제와 연관된 고급의 문체이고, 그 외의 것은 감추려는 규범적 표적이었다. 프랑스에서 이러한 규범적인 문체 개념의 경향은 앙시앙 레짐Ancien Régime의 말기까지 지배적으로 유지되었다. 즉, 설득하기 위해서는 수사법 틀 내에서의 가장 효과적인 문체를 선택하는 것이다. 그러므로 작가가 되기 위해서는 고전적인 작품에서 문체를 배워야 했다. 비극 작품은 비극의 문체, 희극 작품은 희극의 문체 그리고 풍자적인 작품은 풍자의 문체가 있었던 것이다.

서양에서 이러한 규범적인 문체는 18세기까지 무려 천년 이상을 지배해온 문체 개념이다. 18세기 후반부터는 문체를 점점 더 개인적인 재능에 부여하는 경향이 생겨나기도 하였다. 그 후 낭만주의를 거치면서 문체는 공통 언어의 사용에서 개인, 집단 또는 장르의 특징7)이 된다. 흔히 개인적 문체를 '작가의 목소리'라고 한다. 우리가 말을 할 때에 사람마다 고유의 독특한 어법과 말버릇, 음성이 있듯 작가들도 글을 쓸 때에 사용하는 자기 고유의 어법이 있다. 그 어법에 따라 어떤 사람의 글은 강한 느낌이 나고(강건체: 논설문이나 연설문), 어떤 사람의 글은 부드럽기도 하며(우유체: 수필이나 생활 잡지), 또 어떤 글은 건조한 느낌(건조체: 논문, 법문, 공문)이 들기도 한다.

저자가 독자에게 사용하는 문체는 '사용 가능한 많은 언어 표현들 중 저자가 선택하여 텍스트상에서 전개되는 언어'라고 말할 수 있다. 이렇게 이해되는 문체는 언어적 특색 또는 말투[8]이자, 언어의 하위 약호 체계에 해당한다. 환언하면, 글의 형식적 특징인 문체는 바로 '비유적 문체' '감정적 담론(화)' 등과 같은 표현과 밀접하게 관련되어 있으며, 발화체나 문학 텍스트의 문체적 서술이나 묘사는 단지 언어적 특징들에 대한 기술인 것이다. 이러한 문체의 개념에 대하여 더 이상의 언급은 뒤로 하고, 중세기의 문체에 대한 정의를 살펴보자. 피에르 기이로는 수사학에서의 문체에 대해 다음과 같이 정의한다.

> 수사학에서의 문체는 글 쓰는 방식과 문학적 목적을 가지고 있는 표현 방법—따라서 형식 의미와 이러한 의미의 수정을 정의하는 문법과는 다르다—에 대한 작가에 의한 사용이다. 특히 관심을 끄는 것은 문체는 문학적 언어라는 점과 표현적인 생산 또는 효율, 즉 더욱 생생하고, 아주 특이하며, 더 한층 우아한, 그리고 더욱 미학적인 형식으로 독자를 설득하고, 그의 마음에 들게 하고, 관심을 끌며, 깊은 인상을 갖게 하는 고유한 '색채들'이라는 점이다.[9]

위에서 인용된 목적, 즉 '설득시키고' '만족시키고' '관심을 끌게 하고' '깊은 인상을 갖게 하고' 등에 이르기 위해서 수사학은 전의(trope, 의미의 변화), 문채(figures)[10], 그리고 문체의 하위 부류들로 구성된 규칙과 상황에 따라서 특수한 표현 방법을 사용한다. 작품 속에서 저자는 수사학이 주는 문체의 장식(ornement de style)을 우연으로 돌릴 수 없다. 왜냐하면 모든 작품에는 규칙, 구조, 작가가 존중해야만 하는 문체와 더불어 잘 짜여진(어쩌면 정해진) 형식적 틀이 존재하고, 작품은 어느 정도 이러한 틀에 한정되어 움직이기 때문이다. 그렇기 때문에 각각의 장르와 구성, 어휘, 통사, 문채, 장식을 결정하는 표현 방식은 서로 일치된다. 그러나 장르의 수만큼이나 문체들의 수가 많다고 해도, 고전 수사학에서의 문체들은 세 가지로 집약된다. 문체를 한 작가의 개인적 표현 수단이나 방법이라고 보고, 문체를 저급한 또는 하급의 문체, 평범한 또는 중급의 문체, 빼어난 또는 고상한 문체로 분류하는 '3문체 이론'은 라틴어 주해자인 베르길리우스의 주요한 작품에서 그 모델을 찾을 수 있는데, 예를 들어 『부콜리카*les Bucoliques*』(하급 문체), 『게오르기카*les Géorgiques*』(중급 문체), 『아네네이드*l'Enéide*』(고상한 문체) 등이 바로 전형적인 3문체 이론에 해당하는 작품들이다. 여기에서 특히 흥미로운 것은 고상한 문체이다. 18세기 후반 마르몽텔(1879)이 제시한 고상한 문체의 정의를 보면 다음과 같다.

고상한 문체는 중요한 주제와 관련이 있으며, 감정들과 관념들의 가장 고결한 발전에 속한다.

고상한 문체는 형식보다는 내용의 깊이에 의해 정의된다고 할 수 있는데 1세기 롱진*Longin*의 작품 『숭고함에 관한 개론

Traité du sublime』(1672년 브알로Boileau에 의해 번역, 출간)에서 그는 고상한 문체를 1)고상한 사상, 2)고전 예술에 상응하는 귀족적 감정(형식이 아닌 내용에 기초하여), 3)고상한 문채, 4) 말투(diction), 5)낭만적 예술에 해당하는 배열(arrangement) 등의 특징을 가진 것으로 간주한다.

마찬가지로 문체의 전의된 의미는 중세에서도 적용되고 구전되었다. 문체론 분야의 이론가인 퀸틸리안Quintilien은 문체를 구성하는 4가지 성격, 즉 문체의 질을 언어적 정확성, 명확성, 적절성, 우아함이라 칭하고 있다. 여기서 정확성은 권위 있는 용법에 부합되는 것을 말하고, 적절성은 텍스트 언어학 이론에서 다루는 개념과 유사한 관점에서 텍스트의 배경과 텍스트성의 기준들이 유지되는 방식과 부합하는 것이라 정의할 수 있으며, 명확함과 우아함은 각각 텍스트 언어학에서 말하는 효율성과 유효성의 개념에 해당한다.

부퐁Buffon백작의 경구(aphorisme)에서 가장 잘 표현되어 있는 것처럼(1953년 8월 25일 아카데미 연설), 17세기 이후 본격적으로 관심을 갖기 시작한 문체의 개념과 자기 동일화(identification)에 늘 사용해왔던 토포스topos(진부한 주제, 개념, 표현)의 개념은 역사적으로 고대에서부터 시작한다.

부퐁은 텍스트의 내용을 인간 밖에 자리 잡고 있는 것으로 파악하여 그것을 개인적 특성을 가지는 언어 표현으로부터 떼어내려고 했다. "사물들은 인간의 밖에 존재하고, 문체는 바로 그 사람이다." 여기서 사람(l'homme)이 학식이 높은 문필가

(honnête homme)를 의
미하는가 혹은 일반 사
람을 의미하는 것인가
의 여부는 별로 중요한
것이 아니다. 문체는 작
가의 교육과 작가적인
연습의 결과로도 파악
될 수 있다. 그러나 이
때부터 특징적이며 개
인적 글쓰기 방법으로
파악하는 문체관이 나
타났으며, 오랫동안 문
체에 대한 체계적이고

부퐁 백작

학술적인 기술의 기초, 즉 전통 수사학을 대신할 문체론의 기
초를 이루게 된다.

이러한 문체의 구별은 고전 예술－자연을 묘사하지 않고
영감이나 열정의 효과에 의존하는 시대－에서 말과 사물(『말
과 사물le mot et la chose』, 푸코 1966 참조)의 시대가 등장하고 작가
들이 자연을 서술하는 시대인 18세기에 꽃피운 낭만주의 예술
로 넘어가는 데 일조한다. 그러나 시간과 사상은 항상 변한다
는 것, 한 대상의 개념화가 다른 두 시기에서 다르게 나타난다
는 것을 고려하고, 특히 19세기 초부터 시작되는 유럽의 현대
화를 염두에 둔다면 문체의 급격한 변화 요소를 파악할 수 있

다. 사상의 움직임 – 특히 예술의 개념과 문학적 비평(르네상스, 경험주의, 18세기 언어의 기원과 발전에 대한 깊은 숙고)[11] – 에 대한 근대화의 영향 등은 어느 정도 수사학의 상실이나 쇠퇴에 영향을 주었고, 이러한 수사학의 죽음은 곧바로 시대에 따라 변화하는 정신세계에 적합한 새로운 분야인 문체론의 창립을 부추겼다. 하지만 문체론이라는 이름의 과학적 목적을 지닌 학문 분야가 본격적으로 나타나기 위해서는 20세기 초를 기다려야만 했다.

수사학에서 문체론까지

수사학이 말의 양식, 문체, 표현 수단을 기초로 하여 발달되어 왔음은 두말할 나위 없다. 수사학은 단지 규칙들의 단순한 집적물이 아니라 문화의 표현이다. 문학적 창조로부터 이루어지는 사상은 결과적으로 인간의 사상과 인간이 살고 있는 사회의 사상을 바꾸는 힘을 갖는다. 이러한 변화는 짧은 기간에 걸쳐 일어나는 것이 아니고, 오랫동안 전개되어 마침내는 한 역사를 구성한다. 사실 16세기부터 18세기까지 유럽의 철학적 세계는 경험론자와 이성론자(또는 합리론자)들 사이의 논쟁에 사로잡힌 시기였고, 이 학파들이 주장했던 논제들은 언어학적, 문학적 제반 문제들을 다루는 데 커다란 영향을 주기도 하였다. 그러나 대부분의 사상가들은 18세기를 소위 말하는 실존적 세계(monde existentialiste)와 본질적 세계(monde essentialiste)라는 세계관들의 경계선으로 간주한다. 이 결과의 하나로 문학의 발전을 이룩한 사상의 일신은 다음과 같다.

첫째, '절대적인 것들의 종말'로, 세계는 관찰에 근거한 실제의 개인적 경험이고 언어활동은 경험에 의해 항상 새롭게 태어나는 일종의 창조라는 것이다. 이러한 사유 방법은 경험주의자와 이성론자들 간의 논쟁(Robins, 1976, p.118)에 이르게 되는데 그중 가장 널리 알려진 것은 인간의 모든 지능과 지식은 태어나면서부터 가지고 있다는 '본유적 관념(idées innées)'의 가치이다.

둘째, '개인주의의 발전'으로 이는 전 분야에 걸쳐 확산된다. 특히 경제 분야에서 개인주의는 자본주의의 초석이 되었고, 정치적으로는 17~18세기에 신수권神授權에 대립하는 자연권이 이루어지는 바탕이 되었다.

셋째, '예술과 비평의 새로운 개념'이 등장한다.

넷째, '문체의 두 개념'은 사상의 발전과 함께 세계의 발전, 비평의 새로운 개념과 같은 문학 발전을 바탕으로 이루어진다. 수사학적 기법에 의한 문체는 특히 17세기까지의 기계적 문체(style mécanique), 즉 이미 굳어진 어법과 문장부호, 표기법 등을 그대로 사용하면서 개인의 특수한 문체나 사상표현의 개성을 무시하는 문체(라신의 『브리타니쿠스Britannicus』)와 18세기 이후의 유기적 문체(졸라의 『제르미날Germinal』), 즉 글 쓰는 사람의 사상, 감정의 자유와 개성이 존중되는 문체의 대립이

대두됨으로써 작가의 표현의 자유를 구가하는 그리고 개인적
구성의 장르를 중시하는 문체로 발전된다.[12] 따라서 18세기
이후 해체되기 시작한 수사학은 발생론적으로 볼 때 문체론의
상위 영역에 속한다고 할 수 있다.

19세기말 문체론의 탄생

언어와 문체의 개성론, 민족성 이론이 팽창하면서 수사학의
전통적 위상은 위태해진다. 객관적 규범과 이상적인 표현을
지향해 오던 수사학은 그것이 누리던 형이상학, 미학적 지지
기반의 지위를 박탈당하고 쇠락의 길을 내닫게 되어, 마침내
는 '쓰는 기법'의 위치로 추락하고 만다. 사상의 변화 이외에
도 문학과 언어의 개념적 변화는 프랑스에서 수사학의 죽음에
기여하는 또 다른 기준이 되기도 한다. 이러한 수사학의 죽음
이라는 단적인 예로 고등학교 교육에서의 수사학 과목의 폐지
와 수사학 강좌를 문학사로 대치한 것을 들 수 있다. 영국이나
독일이 아주 최근까지 수사학 교육을 지속적으로 해왔던 것과
는 달리, 프랑스에서는 랑송Lanson이 텍스트 해석이나 문학사
기술에 새로운 방향을 제시하면서 문학 분석의 새로운 모델을
만드는 데 주력한다. 이러한 랑송의 업적은 문학 분석의 변화
에서 중대한 전환점을 가져다주는데, 그가 『산문시의 기법Art
de prose』 서문에서 제시한 중요한 구절을 보자.

학생들은 여기서 암시, 추구해야 할 관념, 확인해야 할 인상과 가정, 따라야 하거나 뛰어넘어야 할 방향, 수행해야 할 범위, 그리고 출발점을 찾을 수 있을 것이다. (중략) 게다가 이러한 숙고들은 아마도 학생들에게는 순수하게 문학적인 연구가 되리라는 것을 더 뚜렷이 자각하게 할 것이며, 최근 우리가 포기한 독단주의적 태도와 정확하지 않은 규칙들을 칭찬하거나 비난하기 위하여 관심분야에 대한 순수한 실천을 잘 깨닫도록 도와줄 것이다. (중략) 나는 학생들이 인상주의에서 벗어나 역사적 지식에 근거한 문체들, 환경들, 그리고 학교들의 구별을 위한 공간의 마련을 목표로 삼기 바라며, 또한 통찰력을 가진 관심 분야와 구시대의 이러한 독단적인 문학인들이 가질 수 있었던 풍부한 감정의 능력을 필요로 하는 세련된 모든 종류의 분석에 힘을 기울이기 바란다.(pp.6-7)

이처럼 랑송은 텍스트 분석에 있어 '전달하는 자(저자, 화자)'보다는 '전달받는 자(독자, 청자, 분석가)'의 관점을 더욱 부각시키고 중요시하는 관계를 강조함으로써 이전과는 다른 방법의 문학 비평과 문학에서의 새로운 개념을 제시한다. 이러한 랑송의 새로운 분석 방법의 개념은 오늘날의 문체 분석의 기원이 싹트는 중요한 동기가 된다.

현대의 문체(론) 연구는 그 범위가 상당히 여러 갈래에 걸쳐 있는데, 최근 들어 언어학은 문체를 발견하고 기술하는 도구로 채택되어 왔다. 문체론에 접근하고 있는 방식은 다양하지만 거의 모든 연구들이 반영하고 있는 신념은 단일 텍스트나 일련의 텍스트를 생산하는 데 있어 여러 선택들(options) 중에서 하나만을 특징적으로 선택하는 결과로 문체가 생겨난다는 것이다. 문체는 사실상 '텍스트 생산자와 수용자에 의해 수행되는 조작'이라는 관점에서만 정의될 수 있는데, 현대 언어학이 등장하기 시작했을 당시에는 내재적 구조를 지닌 가장 큰 단위를 문장으로 보고, 언어 연구를 문자에 대한 이론 체계까지로 제한하는 것이 통례였으며 문자의 경계를 넘어 생겨나는 구조들은 모두 이 문체론의 영역으로 미루어졌다.

예술 양식과 문체론

예술 작품의 양식들(styles)[13)에 대한 대중서나 교본서들은 가구 예술 분야, 예를 들면 루이14세의 양식, 루이15세의 양식, 루이16세의 양식 등의 명칭에서 서랍장이나 장롱들을 구별하는 것을 목적으로 한다. 이처럼 양식에 대한 개념이 보편화되고 몇몇의 물품이나 미술 작품들의 역사적 시기를 정의하거나 분류할 수 있게 됨으로써, 미술사는 13~14세기의 고딕 양식, 16세기의 르네상스 양식, 17세기의 바로크 양식, 17세기 말~18세기의 로코코 양식, 19세기 이후의 낭만주의, 표현주의, 초현실주의 등으로 계승된다. 그러나 역사의 흐름에 따른 변화 과정은 '시대에 따른 양식'이라는 점에서 양식이나 미술과 같은 특징들의 목록을 정의하거나 제시할 수 있으나, 한 양식의 일관성을 보장하는 기준의 원칙들에 대해서는 의문을 가질 수도 있다. 이와 같은 견해를 가진 혁신가 중 한 사람인 랑송은 다음과 같이 말한다.

각 세기는 같은 기호들과 다른 가치를 가져다 주는 하나 혹은 두 개의 열쇠를 가진다. 개인의 취향이나 기질들의 변화를 꿰뚫어 보기 전에 반드시 시대의 열쇠 속에서 일반론적인 내용으로 이루어진 각각의 산문을 읽어보아야만 한다. 그리고 이 열쇠는 17세기에는 바로 이성이었고, 19세기에는 규범들의 감정이었는데, 그것이 바로 기법이다.14)

또한 20세기에는 다른 미술의 메커니즘을 문학에 적용함으로써 발전해 가는데, 각 세기에 따른 문학의 중심 개념과 그 흔적을 찾는 시도를 했던 랑송은 계속해서 예술양식과 문학과의 관계를 강조한다.

지금까지 소위 말하는 문학, 시구로서의 산문은 특히 인간을 회복하기 위해, 인간의 도덕적 삶에 도움을 주기 위해 조직되었다. 현재 외적 세계, 한마디로 풍경과 같은 화가의 영역은 문학에 합병되었고, 문장은 그림에서만 표현할 수 있는 것처럼 보이는 모든 것을 수용할 수 있다.

　　예술적(또는 미술적) 산문의 기본 요건은 어휘의 절대적 자유에 있다. 볼 수 있는 사물들의 이미지들을 아주 자세하고 뚜렷하게 연상시키기 위해서는 반드시 고풍스럽고, 이국적이고, 전문적이고, 대중적인 사물의 독특한 이름들을 사용해야만 한다. 따라서 예술은 서로 다른 시대와 요소들의 내적 구조와 더불어 특별하고 고유한 발전 과정을 지니게 되는 것이다. 한 예술은 다른 예술과 지속적 관계를 어떤 한 점에서 시작하여 지속적으로 그것을 유지하기는 하지만, 다른 예술의 변화를 결정하는 데에 크게 영향력을 행사하지는 않는다. 오히려 이 관계들은 변증법적 추론 관계의 복합적 도식으로 이해해야만 한다. 예술적 문체론에 대한 이러한 기억과 상기는 예술과 학문 사이의 단절은 생각할 수 없다는 사실로도 이해된다.

문체론의 동향, 이론들

문체란 용어가 쓰인 것은 그리스 로마 시대부터이지만, 문
체론이란 용어는 19세기부터 사용되기 시작하여 20세기 초에
이르러서야 학문적 수준으로 사용된다. 크게 보아 이러한 문
체론의 방법에는 수치나 데이터를 담보로 하는 통계적 방법,
작가 개인의 품성, 세계관, 즉 개인적 문체를 다루는 심리학적
방법(스피제, 모리에), 신비평, 구조주의비평, 형식주의, 신화비
평과 같은 '형식(forme)'의 탐구를 다루는 의미론적 방법(울만),
언어를 기호학적인 관점에서 문체론에 새로운 활로를 불어넣
어 주는 기능적 방법(야콥슨, 리파테르) 등이 있다. 그러나 이러
한 방법들은 배타적이지 않고 상호보완적이라는 점을 주지할
필요가 있다.

앞서 언급한 것처럼 만일 문체론의 목적이 여러 다양한 문체를 연구하는 데 있다면, 문체론에는 단 하나의 유일한 동향만이 존재하는 것이 아니라 여러 문체론의 동향 또는 이론들이 있다는 것 역시 예견할 수 있을 것이다. 또한 문체론에 대한 학문적 성격은 이 학문을 언어학으로 보느냐, 문학으로 보느냐, 아니면 이것들과는 독립적인 학문으로 보느냐로 나뉜다. 대체로 학자들은 문체론을 언어학의 일부로 보는 경향이 짙다. 문체론이 글의 형식을 연구하고, 문학 텍스트를 비롯한 모든 종류의 글이 연구 대상이 될 수 있으며, 형식에 관한 연구 방법도 언어학에 가깝기 때문이다.

문체론이 제기하는 대표적인 이론 및 방법으로는 언어학적 접근과 직접적으로 관계있는 샤를르 바이이의 연구방법에서부터 레오 스피제Léo Spitzer의 관념(또는 개인) 문체론, 미셸 리파테르Michael Riffaterre의 구조 문체론 등이 있다. 이와 같은 문체론자들의 상이한 두 접근 방법－혹은 세 접근 방법이라고도 할 수 있는－들은 적어도 서양이나 우리나 지금까지도 문체론의 커다란 흐름으로 자리매김하였다.

정의적(affectif) 관점에서 언어의 표현 사실을 연구하는 언어학적 문체론의 선구자 바이이는 문학 작품에는 특별한 관심을 두지 않고 그것에서 나타나는 총체적인 한 언어의 표현적 특성을 기술하는 '표현 문체론'에 관심을 두었다. 또한 이러한 표현 문체론에 기반을 두고 작가들의 문체 연구까지도 문체론에 포함시킴으로써 작가의 의도를 면밀히 분석하는 방법이 있는데, 그것이 바로 마루조Marouzeau (1969), 크레소Cressot(1983)로 대표되는 '의도 문체론'이다. 이른바 이러한 '언어학적 문체론'은 연구의 대상이 문자 언어 그 자체이고, 접근 방법은 페르디낭 드 소쉬르에 의한 구조적, 즉 언어 형식적 접근 방법이다.

이와는 대조적으로 문학적 문체론의 주동자들은 랑송주의자들의 사관보다 더욱 근접한 문학적 특수성, 즉 접근 방법의 새로운 과학성을 문체론에 적용한다. 우리는 바로 그 순간부터 "과학이 현미경에 신세지고 있는 것처럼, 비평은 문체론에 빚지게 될 것이다."15) 이러한 문학적 문체론의 접근방법으로는 발생론적 관점에서 작가의 문체 연구를 통해 작가 정신 및 시대정신에 이르고자 하는 스피제의 '개인 문체론'과 구조주의적 원리에 입각해 독자의 관점에서 의사전달수단으로서의 언어와 문체가 지닌 특징인 문체사실을 연구하는 리파테르의 '구조 혹은 효과 문체론'이 있는데, 이것들은 작품에 나타난 내용, 주제, 작가의 관점, 미학적 요소 등을 다룬다. 이제 이러한 문체론의 이론 및 방법들을 구체적으로 하나하나 살펴보도록 하자.

표현 문체론 : 바이이

최초의 문체론은 사실 언어학적 문체론이다. 프랑스에서는 러시아의 형식주의와 영미의 신비평과 때를 같이하여 언어학이 문학에 기여하기 시작했는데, 이것은 곧 문체론의 영역이 텍스트를 사유의 맥락으로 보는 것이 아니라, 언어적 사실로 간주함을 의미한다.

문체론의 창시자인 샤를르 바이이는 『문체론 개요*Précis de la stylistique*』에 뒤이어 『불어 문체론 개요*Traité de stylistique française*』를 발표한다. 『불어 문체론 개요』는 소쉬르 이후 언어학 이론의 급격한 변화 및 언어 연구로서 언어학이 가진 사명에 대한 그의 정의가 담겨 있는 저서로 언어학적 문체론의 기본적 이론들을 담고 있다.

바이이의 문체론은 "문체는 곧 그 사람이다(le styl est l'homme même)"16)라는 유명한 금언(아우라)에서 보이는 것처럼, 언어적 표현 방식과 관련된 여러 요인을 객관적이고 과학적 기술, 다시 말해 자료체의 분석을 통해서 결론을 추론하는 귀납적 방식으로 문체를 연구한다. 그에 따르면 문체론 연구의 대상인 말하는 언어, 즉 구어는 미학적 특징을 지니고 '자발적이고 의식적인' 언어사용과 대조를 이루고 있기 때문에, 작가의 문체를 구성하는 것은 이러한 구어이다.(1951, pp.18-20). 게다가 그는 언어의 역사적, 기계적 분석보다는 표현과 심리적 의식 간의 공시적 관계의 조사, 그리고 표현 사실의 정감적 내용(p.16)에 관한 관찰에 역점을 두고 있다.

뒤이어 브뤼노, 크레소, 마루조 등과 같은 기술적 문체론자들은 문학 작품의 연구에 대한 이점을 살리면서, 동시에 언어학적 방법도 배제하지 않는 문체론을 구축한다. 즉, 문학에서 "언어가 가지는 문체 기능의 사용은 의식적이고 자의적이다." (크레소, 1983, p.3) 그들은 언어에 대한 문체론의 자료를 수집하는 데 목적을 두고 바이이가 세운 규칙들을 문학 텍스트에 거의 그대로 적용한다. 그들의 문학 텍스트 적용 방법은 작가에 의해 사용된 고유한 표현 방법의 목록과 분류를 충분히 드러낸다. 그렇지만 그들은 작가 자신에 관한 문제는 거의 밝히지 못하였을 뿐만 아니라, 수집된 대부분의 표현 중에서도 특징적이거나 특별하다고 판단된 지표들이 해석의 문제를 야기하기도 하였다. 이와 같은 언어적 접근 방법에 의한 문체론의 연구들은 문체를 곧 공통어, 중성의 표현, 혹은 저자의 언어인 규범에 대한 일탈(écart)로 정의하는 공통점이 있다. 특히 라틴어 문체론을 저술한 마루조가 일탈을 책임지는 선택(choix)적 문체론을 강조하듯이(1969, p.17), 언어학적 문체론은 규범-일탈의 개념 그 자체에 근거를 두고 있다고 해도 과언이 아닐 것이다. 이러한 언어학적 문체론을 이해하기 위하여 바이이의 『불어 문체론 개요』에 나타나는 주요 테마를 살펴보자.

언어활동은 사고와 감정들을 표현한다

그의 첫 번째 선언은 "언어활동은 사고와 감정들을 표현한다."이다. 이 말은 언어활동은 곧 인간 사고의 내용물이라는 뜻이다. 환언하면 인간의 지적이고 감정적 요소는 항상 사고의 형성 과정에서 변화하기 쉬운 것으로, 언어 행위는 사고의 지적인 부분을 외연화(extérioriser)하는 데 사용되는 수단이라는 것이다. 따라서 인간이 어떤 것의 존재, 예를 들어 '물은 100도에서 끓는다' 혹은 '지구는 자전한다'와 같이 언어 행위들을 확인하거나, 단언하거나, 부정한다는 사실은 바로 인간의 사고나 지식들을 표현하는 것과 다르지 않다. 그러나 대부분 인간의 감정이 객관적 현실에 영향을 끼친다는 사실도 가볍게 보지 말아야 한다. 이에 대한 바이이의 언술을 보자.

반영된다는 것보다 정확하게 숙고하는 현실은 서로 굴절

되어 나타난다. 현실은 변형 작용을 거치며, '나'의 본질은 그 변형의 원인이 된다.(1951, p.6)

언어활동에서의 사회적 질서 행위 표현

바이이는 구어체를 "규범을 구성하는 유일한 사실적 언어"(p.8)라고 언급하면서, 문어보다는 구어에 더 많은 특권을 부여한다. 그러나 이러한 그의 단언을 이해하기 위해서는 구어에 대한 두 가지 고찰이 필요하다. 우선 구어(문어도 마찬가지지만)에는 여러 수준의 사회 언어적 요소가 관여되어 있기 때문에 하나의 규범(norme)이라는 개념을 적용시키기에는 어려움이 있고, 따라서 구어를 개인의 언어 행위인 파롤로 간주할 수 없다는 것이다. 게다가 '말한다(parler)'는 사실은 항상 화자와 청자를 전제한다. 그 이유는 과학적, 문학적 사유와 같이 삶의 기본적 조건들과 관계하지 않는 순수한 이론적 사유를 제외하고, 의사소통에 있어서는 반드시 어떤 대상이 있어야만 말을 할 수 있기 때문이다. 마찬가지로 '글을 쓴다(écrire)'는 사실이 잠재적 수용자인 독자를 전제하는 것도 역시 위와 같은 경우에 해당한다. 바이이에 있어 언어활동은 사회적 사실이자 상징들의 총체이다. 이 상징들은 발화 주체가 속해 있는 사회의 계급을 결정할 수도 있고, 또 다른 그룹의 개인들과 사회적으로 적응하기 위하여 한 개인에 의해 실행된 노력의 특징을 보여주기도 한다. 요컨대, 바이이에 있어 언어활동은 두 개의 동시점同時點으로 나타나는 사유들을 외연화하는 데 사용하는 상징들의 총체인 것이다. 즉, 화자는 '나'를 실제에 반영하기도 하고, 발화 주체의 의도, 상황, 환경 등에 근거한 조건들에 의해 변화되는 정의적 요소들을 객관적, 지적, 논리적 형식에 덧붙이기도 한다.

바이이에 의한 언어학적 문체론의 임무는 '논리적 사실'을 적극적으로 배제하는 데에 있다. 이는 지적이고 정의적인 사실들과 밀접하게 관련되어 있다.

문체론은 언어 표현 사실들을 그것들의 정감적 내용의 관점에서, 즉 감성에 미치는 사실들의 표현과 사실들의 감성을 연구한다.(p.16)

그에게 있어 문체론은 정감적 우세를 가진 언어 표현들에 대한 연구이다. 따라서 그의 문체 분석 방법에서 모든 표현은 최소한의 지적인 특성을 가져야만 한다. 표현의 정감적 우세 (dominante affective)가 지각될 수 있는 것은 그것의 지적인 특성들과의 대조에서 나타나는 것이다. 그러면 이와 같은 견해를 뒷받침하기 위해 아래와 같은 두 개의 상징적인 목록을 구체적인 사용의 예를 통해 살펴보자.

가) 부사구 어휘의 사용

dans cette **circonstance**(이러한 **경우**에서는) : 중성적

cette **conjoncture**(이러한 **정세**에서는) : 저널리즘

cette **occurrence**(이러한 **상황**에서는) : 연설문이나 강
연문

나) 명사 어휘의 사용

dispute(**논쟁**)   : 중성적

querelle(**싸움, 분쟁**) : 문학적

prise de bec(**말다툼**) : 회화체나 구어체

rixe(**난투, 언쟁**)   : 저널리즘

위의 예에서 본 바와 같이, 각각의 목록은 논리적이거나 지적 동의어의 매개 언어로서 거의 동일한 의미를 갖는다. 그러나 각 낱말들의 사용에 있어 사회적으로 인정하는 언어 사용의 기준은 조금씩 다르게 나타난다. 각 어휘들은 유사하지만 오른쪽에 제시되어있는 바와 같이 상황과 문화에 따른 언어사용의 규범이 달라질 수 있기 때문에 의미도 조금은 다르게 나타나는 것이다. 예를 들어 나)그룹에서 dispute(논쟁)라는 낱말은 '중성적(neutre)' 규범에서부터 출발하고, 그와 유사한 다른 낱말들, 이를 테면 querelle(싸움, 분쟁), prise de bec(말다툼, 승강이), rixe(난투, 언쟁) 같은 낱말들은 어떤 부류, 어떤 직업군에서의 사용이냐에 따라 사용 규범이 다르게 설정되는 것이다.

바이이의 세 가지 문체론

바이이가 제시한 문체론은 다음과 같이 세 가지로 나눌 수 있다.

> 가) 일반적인 언어 행위의 메커니즘 연구 : 일반 문체론
> 나) 개별어의 연구 : 집단 문체론
> 다) 개인 표현의 체계 연구 : 개인 문체론

위와 같은 문체론에서 바이이는 지적이고, 논리적인 면만을 강조하는 일반적 문체론을 배제한다. 일반적 문체론의 관점에서 볼 때, 개인의 언어활동이 집단 안에서의 한 개인과 같은 상태라고 가정할 때만이 그룹의 언어활동과 구별되는 것이다. 그는 언어활동을 수행하는 데에는 누구나 자기만의 방법을 가지고 있다고 하면서 개인적 문체론을 강조한다. 주지하다시피 그는 "문체는 곧 그 사람이다"라는 아우라를 인정하면서 한 개인, 즉 저자(auteur)의 문체와 한 언어 그룹에 의해 강요된 일반적이고, 공통적인 상황에서의 언어 행위를 구별한다.

> 작가는 언어를 자발적이고 의식적인 사용으로 삼으며 (중략) 그는 미학적인 의도 속에서 언어를 사용한다.(p.19)

바이이에 있어 문체론이라는 학문은 언어에 미치는 개인적

표현력의 효과에 대한 연구로, 그에 따르면 문체론은 화자가 유용하게 사용하는 개인의 표현 방법에 대한 연구이다. 한편 바이이는 개별어의 집단 문체론－예를 들면 사회적 언어인 랑그로서의 불어, 영어 등－의 관점을 간직하면서 그의 저서에 다르벨네Vinay Darbelnet가 채택한 비교 문체론(la stylistique comparée)[17]에 대한 개요를 제시하기도 한다.

바이이에 의한 연구방법론의 단계들

바이이의 문체 연구는 크게 나누어 표현 사실의 범위 한정, 표현 사실의 확인, 표현 사실의 정감적 특성 등으로 귀결되는데 각각의 항목은 언어학적 문체론 연구의 핵심을 이룬다.

표현 사실의 범위 한정

바이이에 있어 문체론의 연구 범위는 대체적으로 현대 언어학에서의 분절(segmentation) 개념과 일치한다. 따라서 그에게 있어 우선적으로 필요한 작업은 표현에 나타나는 어휘 혹은 낱말의 경계를 한정하는 것이고, 여기서 얻은 완벽하고 자율적 의미를 지닌 어휘를 사고의 단위와 일치시키는 것이 중요하다. 대체로 언어적 범위에서 사용하는 어휘 단위는 ‘책상’ ‘미덕’ ‘아름다움’ 등과 같은 자율적인 의미의 어휘 또는 어휘의 일부분, 일례로 ‘relire’에서 반복을 뜻하는 접두사 ‘re-’, ‘imaginable’에서의 접미사 ‘-able’, 또는 성구成句와 같은 낱말군에 해당하는 요소들을 어휘의 분석에 사용한다.

그렇지만 낱말이 그 자체로 항상 의미를 갖고 있는 것은 아니다. 낱말은 사용된 체계 속에서만 가치를 갖기 때문인데, 이 점에 관하여 우리는 "낱말의 의미에 대해서 묻지 말고, 그 사용에 대해서 물어라"라는 비트겐슈타인의 말이 가지는 뜻을 되새길 필요가 있다. 이 경우들을 간단히 정리하면 '한 낱말은 문맥에 따라서 다양한 의미 변화를 갖는다'는 것이다. 이처럼 문맥에 따라 다양하게 나타나는 '암탉'이라는 의미를 가진 불어 낱말 'poule'이 어떻게 다의적으로 사용되는지 살펴보도록 하자.

Ce noble débris de vieilles phalanges napoléonéennes se couchait et se levait avec *les poules.*(발자크)

옛 나폴레옹의 보병인 귀족 노인은 **정부**들과 같이 자고 일어나곤 한다.

Viens ma *poule*!

이리와 내 **아가**야!

Une grosse *poule* gloussante promenait un bataillon de poussins.(모파상)

꼬꼬댁거리는 살찐 **암탉**이 병아리들의 무리를 데리고 다닌다.

Une jolie petite *poule.*

작고 예쁜 **아가씨**.

C'est *la poule* au billard, il engage trois ou quatre tous les jours.(발자크)

그는 매일 서너 번씩 당구에 **판돈**을 건다.

그러나 위와 같은 예문들의 사용에서 항상 제기되는 것은 준거의 문제이다. 위의 예문에서 우리는 어떻게 '암탉(poule)'이라는 낱말이 '정부' '첩' '판돈' 등과 같이 저속하거나 경멸적인 의미로 사용되었는지를 알 수 있을까? 게다가 어떤 준거로 그와 같은 의미를 결정할 수 있을까? 이러한 딜레마를 바이이는 해결하지 못하고 직관에 의지하는 듯 보인다. 다시 말하면 이러한 유형은 연역적인 전제로 '정감적 내용은 상호 주관적이고, 특별한 표현에 속하며, 모국어 사용자는 인식할 수 있다' 등의 주장이 될지도 모른다.

다른 한편 바이이에 있어서 낱말보다 상위에 있는 단위로는 세 가지 유형이 있다.

가) 일시적인 연합들 : 명사구와 같이 치환의 효과로 기능하는 것.

나) 관용 어법상의 연속들 : 데자뷔le déjà vu 혹은 기시감既視感 현상, 이를테면 각 요소를 경험한 적이 있어 익숙하거나 새로운 것이 없는 인상이나 느낌을 주기 위해 아주 뚜렷한 유사 관계로 형성되면서도 자율성을 지닌 것.[18]

다) 바이이가 말하는 성구어成句語, 즉 숙어는 낱말보다 상위의 단위를 의미한다. 전통 문법에서의 어법은 명사적, 동사

적, 부사적 낱말군에 고정된 어군의 특징을 부여하며 그 가치
는 하나의 낱말로 바꿀 수 있다. 그 예들을 보자.

동사적 성구

mettre le feu : allumer(불을 붙이다)

부사적 성구

en vain : vainement(헛되이)

명사적 성구

manière d'agir : procédé(행동법)

또한 랑그를 연구할 때에는 고풍스러운 말투(archaïsmes)나
상투적 표현(clichés)도 역시 성구 표현 또는 그와 유사한 표현
들과 마찬가지로 중요하며, 그것들의 가치는 랑그를 이해하기
위해 중요하다. 문체론 연구에서 중요한 역할을 하는 고풍스
러운 말투는 다음과 같이 정의된다.

고풍스러운 말투는 현대 언어의 사용보다 더 오래된 고
대의 언어나 과거의 언어 상태에 속하는 용어의 사용이다.
문체론에서 이것은 표준 언어와 문학적 의사소통 간에 존재
하는 상태의 총체 가운데 일부를 이루고 있다. 예를 들어,
동사 '믿다, 생각하다(Cuider)'라는 용어는 퐁텐느가 당시 그
의 우화에서 사용할 때 고풍스러운 말투가 된다.(Dubois et
al., 1973)

크레소는 이 고풍스러운 말투를 일련의 신어법(néologisme)
으로 간주하면서 그의 논문 첫째 장(1975, pp.444-521)을 할당
하는데, 그가 인용한 문구를 보자.

신 어법에 있어 고풍스러운 말투는 하나의 신조어 사용
의 대용이 된다. 또한 새롭게 신조어를 만드는 것보다 오래
된 구어를 다시 찾아 사용하는 것이 더욱 편리해 보인다.

상투적 표현은 "규범에 대하여 문체의 일탈을 이루고 있고,
이미 만들어져 아주 빈번하게 사용됨으로써 일반화된 모든 표
현"(Dubois et al. p.91)과 같이 정의되는데, 이러한 상투적 표현
은 문체적 일탈의 효과로 나타나지 않을 때 성구적 연사
(syntagme figé)와 구별된다. 지금까지 제시된 고풍스러운 말투,
신 어법, 상투적 표현은 바이이가 말한 표현 사실, 이미지의
원천 또는 근원의 세 요소에 해당한다.

표현 사실의 확인

표현 사실의 확인은 언어에 의한 논리의 실행과 언어 사실
에 의해 나타나는 정의적 본질을 비교함으로써 지적 표현의
세계를 발견하는 데 목적을 두고 있다.

표현 사실은 우선 동의어를 찾고 난 후, 표현 방식의 논리
적 변별에 따라 그것들을 분류하면서 확인할 수 있다. 게다가

어떤 한 표현이 다르지 않고 똑같다고 보는, 즉 동일화 (identification)로 확인되기 위해서는 반드시 그렇게 확인하는 표현과 확인되는 표현 사이에 논리적 특징이 존재해야 하며, 이 표현들의 기본적 특징들은 각 표현들이 실제로 존재하고, 확인 가능한 낱말 속에서 발견되어야 한다. 바이이는 "동일화 는 논리적으로 언어적 운영이다. 그것의 목적은 표현의 우세 적이고 개념적인 양식들을 구별하는 것이다. 대조에 의해 이 것들은 다른 표현들의 감정적 특성들을 드러내는 데 기여할 것이다"(p.105)라고 하였는데, 이를 설명하기 위해 바이이가 제시한 아래와 같은 예문을 관찰해 보자.

> Eh bien, cher beau père, comment gouvernez-vous ce petit désespoir? Etes-vous toujours furieux contre *votre panier percé de gendre*?
>
> 그래요, 장인어른. 장인께서는 어떻게 이러한 작은 걱정 거리를 다스리시나요? 어르신의 **구멍 난 바구니와 같은 사 위**에 대해 늘 화를 내시나요?

바이이의 설명을 이해하기 위해서는 먼저 위 예문이 의미하 는 것을 알아야 하며, 그것의 정의와 확인 작업을 통해서 표현 사실의 윤곽을 정해야만 한다. 결국 예문 'votre panier percé de gendre(구멍 난 바구니와 같은 사위)'라는 표현에서 구성 요소 의 범위와 상응하는 심리적 단위의 한정은 의미적 관점으로 보아 'panier(바구니)'와 'percé(구멍 난)'라는 두 사유의 단위로 구성되어 있기 때문에 분리할 수 없으며, 'gendre(사위)'는 그 낱말 자체로도 의미가 충분하다. 또한 이러한 두 낱말 'panier percé(구멍 난 바구니)'와 'gendre'는 의미가 바뀌지 않는다면 또 다른 결합도 가능하다. 따라서 우리는 텍스트의 어떤 부분에서 언어표현의 단위들이 사유의 단위와 일치하는지를 알아야 하는 것이다. 즉, 두 개의 언어단위로 이루어진 명사구 'panier percé de / gendre'(N1 de N2)가 단일 어휘소 N1 또는 N2의 도식에서 만약 N1=N2라면, 동의적 표현으로는 'Votre gendre est un prodigue(당신의 사위는 낭비벽이 심한 사람이다)'를 갖고, 'panier percé(구멍 난 바구니)'는 그 의미로 'dépensier, prodigue(낭비벽이 심한 사람)'을 갖게 되기 때문에 이 표현은 정감적 가치를 지닌 이미지로 간주된다. 따라서 '낭비벽이 심한 사람'보다 더 감각적인 표현 '구멍 난 바구니와 같은 사위'는 N1 de N2의 구조로 연결시키는 'de'의 다의성으로 인하여 정감적 가치를 지닌 이미지로 나타나는 것이다. 더 나아가, 바이이는 표현 사실을 확인하는 것만으로 만족하지 않고 그것들을 분류한다. 물론 이와 같은 확인과 분류는 동의어 사전이나 유추 사전의 도움을 필요로 하는 논리적 사실들이다.

표현 사실의 정감적 특성

이것은 어휘의 가장 포괄적인 의미에서 동의 관계 연구에

근거한 유추 관계의 문제이다. 예를 들어 낱말 Veiller는 아래
와 같이 서로 다른 동의적 의미를 갖고 있다.

> veiller (감시하다)
> veiller (야경하다, 철야하다)
> veiller (보살피다)

‘veiller’에는 기본적 의미 작용이 없으며 그 낱말의 의미는
바로 그것의 사용에 있다는 이러한 관점은, 한 낱말의 표현과
내용에서 어떤 대상이 지닌 의미(기의記意, signifié)와 그 의미
를 지닌 대상을 표현하는 명칭(기표記表, signifiaant) 간의 불일
치를 설명한다. 그러므로 예시된 어휘 ‘veiller’는 다른 문장 구
조, 다른 보어 혹은 목적어를 취함으로써 그 의미가 조금씩 다
르게 나타나는 것이다. 이러한 표현 사실의 정감적 특성은 크
게 보아 자연적 정감의 특성, 환기에 의한 효과를 갖는다.

자연적 정감의 특성

표현의 정의적 특성이 갖는 자연적 정감은 한 개인이 말을
할 때 선택하는 감정을 표현하기 위한 화자(저자)의 규범적 태
도나 방식을 뜻한다. 이러한 방식에는 ‘객관적’이고 ‘사회적’
인 특징이 나타나는데, 이것은 화자 자신의 감정들과의 비교
를 통해 세계와 묘사를 판단하려는 ‘주관적’이고 ‘정감적인’
특성과 대립된다. 바이이가 찾으려 한 것은 바로 이러한 객관

적 특징과 주관적 특징 간에 나타나는 일탈(écart)로, 동시에
다음과 같은 정감적 특징의 유형을 밝히는 것이기도 하다.

가) 강도

바이이가 정감적 내용이라 부르는 것으로 부정적 또는 긍
정적 강화의 요소를 매개로 하여 대상을 확대하거나 축소하는
방법이다. 이러한 강도(intensité)의 특성은 풍자 또는 찬사의
표현에서 자주 볼 수 있는데, 그 예로는 작은 대상, 혹은 일반
적으로 감정의 함축을 수반하는 대상에 대하여 쓰는 어법인
지소사(diminutive)의 사용이 있다.

그러나 실제로 강화사(intensificateur)에 대한 형태론적 요소
가 풍부하게 발달하지 못한 언어에서 지소사에 대해 언급하기
는 어려움이 많다. 대개는 어휘의 끝에 작은 것을 의미하는 접
미사를 붙여 지소사로 쓴다. 한국말의 '송아지, 강아지' 등의
'～아지'도 지소사의 일종이며, 영어나 불어에서는 작거나 불
충분한 것으로서의 존재, 대상 또는 자질을 나타내는 지소 접
미사들, 즉 '-et, -ette, -ot, -otte, -let, -on' 등이 지소사로 쓰인
다. 이렇게 지소접미사의 사용으로 얻어진 파생어들은 강조어
로 많이 사용된다.

한편 위와 같은 지소접미사의 경우외는 달리, 애칭을 부를
때 원래의 이름을 짧게 줄여서 부르는 경우도 지소사라고 한
다. 불어에서는 지소사를 특징화해 주는 사용의 조건들, 즉 정
감적 또는 친숙한 문맥에 의지하는 경우도 있다. 이러한 경우

로는 축약(또는 생략)의 형태(Stéphane→Steph의 경우), 이중의
축약형태(Joseph→Jojo의 경우), 또는 이중으로 이루어진 명사
(Jean-Jean의 경우) 등이 있다.

나) 규범과 일탈의 개념들

화자가 말을 할 때 대상의 의미를 확장시키거나 감소시키
고자 할 때, 모든 동의어에는 강세가 있는 낱말, 친숙한 낱말,
기술적 낱말들이 있듯이 어휘에는 일반적인 규범과는 약간 벗
어난 관습적인 의미의 미묘한 차이, 즉 뉘앙스(nuance) 혹은 일
탈의 사용이 있을 수 있다. 이와 같이 중성적 언어에 대한 일
탈 현상은 아래의 어휘들에서 볼 수 있다.

        a) avoir froid(춥다)   : 중성적
            geler(추위에 얼다)   : ?
            grelotter(추위에 떨다)   : 회화체나 구어체
            frissonner(오한을 느끼다)   : 학술어, 전문어

        b) absorber(흡수하다)   : 학술어, 의학전문어
            consommer(소비하다)   : 귀족어
            croquer(소리내어먹다)   : 회화체나 구어체
            manger(먹다)   : 중성적

언어에는 미추美醜와 같은 미학적 기준이 있으나, 자연발생

적 언어는 학문적이거나 과학적 언어에서와 같이 자연적 미나 미학적 목적이나 기능을 갖지 않는 경우가 대부분이다. 위의 예에서 'frissonner(오한을 느끼다)' 'absorber(흡수하다)'의 경우가 이에 해당한다.

환기에 의한 효과들[19]

앞서 살펴본 정감적 특성들은 감정의 연상 작용과는 아무런 관계없이 언어적 사실과 사유의 사실 간의 관계에 근거한다. 의미와 불가분의 관계에 있는 이러한 효과는 표현들로부터 비롯되는데 바이이는 이것을 '자연적 효과'라고 부른다.

> 자연적 효과는 어떤 단어를 들으면서 이해하는 유쾌하거나 불쾌한 인상을 다룬다. (중략) 또한 한 표현이 특별히 생생함을 가지고 어떤 개념을 지각할 때가 바로 자연적 효과이다. 어떤 표현이 지각될 때 동일한 것은 아름다움, 섬세함, 우아함(중략)의 인상으로 통한다.(p.109)

그러나 표현과 내용 사이에는 직접적이고 즉각적인 관계보다 간접적이고 상징적 특징의 효과들이 존재한다는 의미에서, 자연적 효과들은 일련의 삶과 행위에 대한 환기換氣(évoation)나 기억의 결과라 할 수 있다. 바이이가 강조하였듯이, 정신은 "무의식적 연상들(associations inconscientes)"(p.204)에 의한 일련의 행위와 사유하는 방법의 표현 형태에서 나타난다. 표현 사실의 사용은 가장 자연스럽고 자주 발생할 뿐만 아니라, '환경들'을 상기시키는 역량을 가지고 있으며 '공통어(langue commune)'와의 대조에 의해서만 밝혀진다. 따라서 사회적으로 범주화하는 언어 효과인 환기 효과(지방의 방언 혹은 직업적 언어)는 일상 언어(보편 언어)와 대조에 의해 지각된다. 따라서 앞서 언급한 'manger(먹다)'에 대한 'absorber(흡수하다)'라는 지적인(학술적인) 표현의 사용은 일상 언어 'croquer, avaler, bouffer(소리 내어 게걸스럽게 먹다)'와는 용어가 구별된다. 그러므로 화자의 사용 언어는 표현, 억양 등에 따라 다르게 나타나는 노동자, 지식인, 언론인 등의 사회적 언어로 분류된다.

언어활동과 삶의 모습에서 나오는 이러한 환기 효과는 '공통어'와 '환경'을 고려해야 하며, 이 두 개념에는 넓은 의미로의 언어적 규범이 있다는 사실을 말해준다. 화자는 주어진 환경에서 규범에 대한 것을 판단한다. 즉, 각각의 환경에는 반드시 말해야만 하는 감정이 있을 수 있고, 말하지 말아야 하는 감정도 있을 수 있다. 결국 언어 사회에는 언어활동에 의한 규범적 관습이 있다는 것이다. 이것이 바이이가 말하는 '공통어'이다. 이러한 사실을 설명하는 그의 두 관점을 보자.

가)바이이에게 있어 환경의 개념은 지리적, 지형적 특성을 함축하고 있지는 않으나, 행위와 사고의 관습적인 형태를 내포하고 있다. 예를 들면 놀이, 운동, 유행, 과학적/문학적/예술적 활동 등이 있는데, 이것들은 사회적 계층, 문화의 수준, 교육, 관습, 종교적 사상, 도덕적 원칙을 결정하는 요소들과 관계가 있다.

나)‘언어 집단 혹은 공동 사회에서 나타나는 언어표현은 삶과 분리하여 생각할 수 없다’는 사상은 곧 누구에게나 통용되고 관계되는 ‘공통적共通的’ 특징을 가지고 있다고 할 수 있다. 따라서 환기적 효과들이 언어의 사회적 힘을 반영한다고 본다면, 반대로 자연적 효과들은 개인적 표현의 영향과 관련된다.

지금까지 언급한 바이이의 문체론은 기교와 죽은 형식에 치우친 낡은 수사학을 새롭게 하여, 새로운 수법인 ‘표현 문체론’의 정립을 강조한다. 이러한 언어적 접근의 문체 연구는 언어 기술을 과학적으로 그리고 객관적으로 한다는 점에서는 긍정적이라 할 수 있다. 바이이의 문체 분석의 특징과 유의점을 간단히 언급해보면 다음과 같다.

첫째, 그의 문체론은 18세기 전후반에 걸친 현대적 개념, 즉 고전 작품에서 발췌한 모범적 예문들에 의거하여 잘 쓰는 방법을 구성하는 문체 비평, 쓰는 기법과 같은 개념이다.

둘째, 그의 문체론은 기술적 또는 서술적이기 때문에 언어활동의 미적인 면을 지향하는 문학 작품을 조사 영역에서 제외시키는 경향이 있다.

셋째, 언어 행위는 인간의 사고와 감정들을 나타낸다는 사상에서 출발한 바이이는 감정의 표현들이 문체론에 적합한 대상이 되며, 이것이 곧 문학 작품의 표현 대상이라고 생각한다. 실제로 바이이는 언어활동이 화자의 사고나 감정들을 어떻게 나타내는가를 이해하기 위해서 두 유형의 관계를 구별한다.

하나는 '자연적 효과들'로 이것에 의해 화자가 느낀 감정들을
알 수 있으며, 다른 하나는 '환기에 의한 효과들'로, 이것은 언
어적 환경에 대한 정보를 알려준다.

관념 문체론 : 스피제

언어 문체를 근본적으로 새롭게 평가한 칼 보슬러Vossler[20] 와 베네데토 크로스Croce의 사유가 스며든 관념론적인 사조는 정신이 문학적 창조에서 비롯된 작품의 스승이라는 확신을 품고 있다. 일상 언어와 예술어를 표현 언어와 동일하게 생각할 때, 문체는 근본적으로 예술 문학 속으로 옮겨진 개인의 내적 일관성의 표현이다. 앙리 모리에Morier는 계속해서 "문체는 영혼의 얼굴 표정이다"라고 말한다(1959, p.2). 따라서 우리는 개체성個體性, 더 구체적으로 말하면, 일탈의 개념을 재도입하는 과정에서 한 작품의 특수성을 찾아볼 수 있을 것이다.

보슬러의 뒤를 이은 레오 스피제는 언어학과 문학을 통합하여 새로운 지평을 만들어줄 수 있는 학문이 문체론이라는 입장을 취한다. 그는 스스로 프로이트Freud를 드러내놓고 거론하지 않으나 그의 이론적 근거는 프로이트의 무의식이다. 다시 말하면, 작가가 글을 쓸 때 어휘나 구문의 선택은 의식적인 것보다는 무의식적인 요소가 크게 작용한다는 것이다.

레오 스피제는 『문체연구』(1970)라는 저서를 발표하여 특정 작가들의 문체에서 전형적인 개별 현상들, 특히 영적인 흥분과 그에 상응하는 언어적 일탈 현상들에서 출발하여 텍스트의 전체 의미와 작가들의 인격 혹은 성격으로까지 진행하는 현상을 연구한다. 그는 여기에서 모든 텍스트들을 문체 분석적으로 동일하게 취급하는 것에 대하여 반대하고, 텍스트 전체에서 주목의 대상이 되는 문체의 독특함에 의해 작용되어 독자의 마음속에 와 닿는 것을 전기傳記적, 역사적 맥락으로 설명한다. 그는 이러한 작업을 '문헌학적 복원'이라고 부른다.[21]

그의 문체 분석의 출발[22]은 언어에 있으나 직관에 의존하는 관념론적 동향을 띠고 있는데, 우리는 이것을 '문학적 문체론'이라고 부르기도 한다. 그는 문학적 문체론에 대한 자신의 방법론을 체계적으로 서술하지는 않았으나, 언어학적 방법에 의거한 소쉬르 학파의 입장을 비판한다.

이러한 소쉬르 학파, 즉 프랑스 문체론 학파(언어학적 문체론)에 대한 반박을 위해 델부이Delbouille(1964, p.21)가 형식화한 세 관점을 보면 다음과 같다

첫째, "언어학과 문학 사이에 세워진 가교는 하나의 거대한

가필加筆(interpolation)이다." 그러나 이러한 비판에는 정당성이 결여되어 있다. 비평을 하기 위해서는 텍스트를 구성하는 언어적 요소들로부터 출발해야 하는데, 그렇지 않으면 텍스트를 이해하기에는 어려움이 많기 때문이다. 따라서 이러한 원칙에 동의한다면 언어적 형식에는 반드시 그에 상응하는 의미가 있게 마련이다.

둘째, "작품의 단위를 재구성하는 것이 당연하다면, 언어학자의 목표는 역시 언어 차원에서 문체를 정의해야 하며 그것을 위한 도구를 만들어야 한다." 이러한 반박에 대한 답변을 보면 분석가들에게 있어 문학 작품 그 자체의 언어에 담겨 있는 것과 향후 그들이 연구해야 할 문체는 사전에 있는 언어보다는, 텍스트에서 낱말들이 가지고 있는 관계들이라는 점이다.

셋째, "이러한 임무는 단지 직관에만 일임할 수는 없다. 왜냐하면 그것은 문체의 연구를 주관적 판단들에 맡기는 경우에 해당하기 때문이다." 그러나 델부이도 직관의 개념과 대치할 만한 다른 방법을 제시하지 못한다. 직관은 작품에 접근하기 전에 모든 선험적(a priori)인 것과 편견을 피하는 출발점이며, 작품은 스스로의 체계와 독자적인 언어의 사용이 담겨 있는 언어 공동체를 구성한다. 따라서 언어학자의 임무는 작품에서의 특별한 언어 사용들을 찾아내는 데 있으며, 작품의 특별한 언어 체계를 돋보이게 하는 데 있다. 이러한 절차는 사전에 결과를 모른 채, 실험과 관찰 등을 통해 물질들을 섞는 화학자의 과정과도 같은 것이다.

결국 관념 문체론은 집단적 문체 연구와, 서로 다른 방법과 사고를 가지고 그 집단적 문체를 사용하는 사회적, 문화적, 민족적 집단 간의 관계들에서 언어적 사실을 관찰함으로써 언어 연구와 문학 연구에 대한 전통적 분화를 거부한다. 이러한 문체론은 언어적 형태의 독창성과 문학 작품의 핵심을 찾기 위해 문학 작품의 중심에 존재한다. 이렇듯 스피제의 관념 또는 문학 문체론은 언어학과 문학 사이에 가교를 세우기를 원한다.

그러면 그의 해석학적·심리적 문체 방법론이 어떻게 전개되는가를 보기 위해 기이로와 쿠엔츠가 제시한 그의 연구방법을 요약해보자.(1954, pp.71-77)

a) 비평은 작품에 내재한다.
b) 작품 전체는 하나의 총체성을 가진다.
c) 모든 세부 사항은 작품의 중심을 통찰하게 한다.
d) 직관에 의해서 작품을 깊이 이해한다.
e) 그렇게 재구성된 작품은 전체 속에 통합된다.
f) 언어의 특징으로부터 출발하는 연구가 문체론이다.
g) 독특한 특징은 개인적 문체론의 일탈이다.
h) 문체론은 일련의 공감적 비평이어야 한다.

그런데 그의 문체론 방법을 보완하기 위해 지적해야 할 점은 관념론자들에게 있어 낱말은 소쉬르의 이론에서 볼 수 있는 것과 같이 언어적 기호가 아니고, 하나의 비언어적 기호인

지표(indice)라는 사실이다. 이는 언어적 기호는 다른 어떤 것으로 더 이상 환원되지 않는다는 뜻이다. 이러한 사실은 언어와 언어가 표상하는 지시 대상(référent)의 문제가 아니라, 문체의 언어와 화자의 의도와의 관계를 내포하고 있음을 가리킨다. 이와 같은 언어와 사용자 간의 교감은 다음과 같은 세 차원에서 이루어진다.

> 가. 언어와 개인적 화자(작가) 간의 관계
> 나. 언어와 주어진 시대의 언어 공동체와의 관계 : 주어
>   진 한 시대의 예술적 문체론과 관련된다.
> 다. 언어와 역사적 사실에서의 대중과의 관계

이 관계들은 서로 다른 두 방향, 즉 문화주의적 관계(즉, 모방 혹은 재현)와 프로이트의 심리학적 원리에 관한 지침(즉, 심리적 관계)에서 분석될 수 있다. 이러한 관념론자의 연구를 특징짓는 전형적인 세 유형으로는 첫째, 예를 들어 어떤 작가(혹은 작품)에 있어서의 은유법, 간단한 상징주의 시구의 리듬, 그리고 어떤 작가가 자주 사용하는 어순 전환 등 '특수한 방법'에 근거한 연구, 둘째, 아주 상세한 언어적 요소들의 목록에 의거한 시대에 따른 언어, 장르의 언어 등 '언어 상태'에 근거한 연구들, 셋째, 작가들의 문체에 근거한 연구들이 있다.

따라서 언어학적 관점에서 볼 때, 작가의 언어는 공동체의 구성원이 얻을 수 있는 표현의 저장소, 즉 개인 언어인 파롤,

개인 특유의 언어(idiolecte), 작가가 사용한 여러 가지 다양한 용법들에서 비롯된 표현 수단들이라고 말할 수 있는 것이다.

그렇기 때문에 이 시점에서는 객관적 또는 주관적 문체론의 두 유형을 살펴보는 것이 중요하다. '객관적 문체론'이라 함은 의미 내용의 번역과 같이 언어적 형식과 관계할 경우, 그리고 문체론자가 명칭론적 방법(méthode onomasiologique)을 사용할 경우를 말한다. 반면 문체론이 저자 또는 화자에게 관점을 돌릴 경우, 즉 글을 쓰거나 말하는 사람과 그의 개인적 삶의 본질을 고려할 경우를 가리켜 '주관적 문체론'이라 한다. 주관적 문체론의 경우에는 어의론적인 절차(procédure sémasiologique)를 추구한다. 왜냐하면 분석가는 스피제의 경우와 마찬가지로 언어적 형식을 재구성하기 위해 의미부터 출발하기 때문이다. 그러므로 바이아-크레소에 이르는 문체론의 계보는 오히려 일반적 언어 사실을 다루는 객관적 문체론을 택하는 것이고, 주관적 문체론은 언어 사실들의 선택과 관계하는 심리적 사실들을 다룬다고 하겠다. 앙리 모리에에 따르면(1959), 주관적 문체는 개인적임과 동시에 집단적이다. 그 이유는 주관적 문체론은 인격의 특징, 다시 말해 개인적 문체를 지니면서 동시에, 글 쓰는 방법이나 말하는 방법, 즉 집단적 문체를 갖기 때문이다. 따라서 주관적 문체론이란 곧 개인에 소속된 표현 방식과 그렇지 않은 표현 방식들 중에서 하나를 선택하는 것이다.

레오 스피제는 언어 행위의 특수성에 관한 연구를 뛰어넘어 개인의 언어 행위들의 연구를 제안하면서, 문체에 위의 선결 조건에서 끌어낸 해석적 실행이라는 새로운 이름을 부여한다. 스피제에게 있어 작가라는 개인은 분명히 작품의 형식화를 불러일으킬 수 있는 긴밀한 일관성의 원리를 가지고 있다. 이러한 형식화의 특수성은 문체론적 특징 또는 '일탈' 속에서 나타나며, 이러한 특징이나 일탈에 의해서 특수성은 공통의 사용과 구별된다. 따라서 비평가의 호의적 직관에 의해 일탈이라고 인식된 특징은 영감을 주는 원칙, 즉 보이는(드러난) 다른 특징들을 발견하게 한다. 이러한 정신적 원의原義라는 사유의 방법을 기준으로 삼는 스피제 학파는 문헌학적 학파 또는 해석학적 학파라 일컬어지기도 하는데, 그 분석은 텍스트의 내재성의 경계를 초월하여 이루어진다.[23]

그러나 스피제는 텍스트의 특수성에 만족시키기 위하여 작가의 심리 현상이나 문화의 급격한 변동을 밝히려 하지 않기 때문에 그의 야심을 지속적으로 유지시키지는 못한다(1970, p.24 이하에서 스타로빈스키를 보라). 그는 스스로 그가 주장한 문체론 연구의 영역을 제한함으로써 구조주의적 경향에 이른다. 그렇지만 문체론 연구에 대한 스피제적인 해석의 광범위함은 유감스럽게 여겨진다. 왜냐하면 그들의 결론에 대한 조급하고 단순화한 특징은 또 다른 조사와 많은 비평적 검증을 필요로 했을 뿐만 아니라, 문학적 사실을 위한 역사적 조건인 총체적 관점에서의 분석이라는 어려움과 관련이 있기 때문이다. 결국 우리는 그의 문체론에서 그와 같은 조건을 제한하기보다는, 더욱 넓혀야 했었던 것이다. 특히 리파테르가 말한 바

(pp.120-121)와 같이 스피제의 문체 분석은 직관에 의존하기 때문에 객관성이 결여되어 있을 뿐만 아니라, 인상주의, 주관적 실체를 지나치게 강조하기 때문에 실제의 문체 분석에 있어서도 과학적 특성이 결여되어 있다. 따라서 우리는 이러한 주관주의의 결점을 보완, 극복할 수 있는 리파테르의 문체론 연구방법과 제안에 도움을 청할 수밖에 없다.

구조 문체론 : 리파테르

기술적 연구인 언어학적 접근 방법(바이이)과 인물이나 작가의 심리적, 주관적 해석인 관념적 문체론(스피제)을 한 단계 뛰어넘은 리파테르Riffaterre의 구조 문체론은 문학 비평가들이 강조했던 '독자(글의 해석자) 반응 중심'의 문체 기술 방법이며, 문체 분석에 규범(norme)을 적용함으로써 규범에 벗어난 일탈의 개념을 찾아보는 방법이다. 그의 문체관은 독자가 원하는 기대로부터 어느 정도 벗어난 일탈의 개념만이 문체의 특성을 가지고 있다는 점을 전제로 하고 있다. 그러므로 문체는 '알려져 있는 언어 규범으로부터 벗어난다'는 이유 때문에 모든 텍스트의 일반적 성질이 아닌, 특정한 텍스트들의 독특한 성질이라 할 수 있다. 우리는 이를 '일탈 문체론'으로 부르기도 한다.

1960년대 초 미셸 리파테르에 의해 영어로 출간된 여러 논문들24)은 1971년 『구조 문체론*Essais de stylistique structurale*』으로 번역된다. 리파테르는 바이이와 마찬가지로 의사소통에서의 문체 기능에 관한 그의 분석 방법을 발전시키는 데 관심을 둔다. 그리고 이러한 방법에는 언어학의 과학에서 이루어진 최근의 진보를 이용해야 한다고 믿는다. 따라서 그의 가정은 문체론을 언어학의 한 분파로 간주하기도 한다. 그는 비록 문학 텍스트만을 연구하고자 했음에도 불구하고 언어의 문학적 사용을 정확하고 객관적으로 기술함에 있어 언어학적 방법론을 도입하고 있다. 실제로 문체적 사실들은 언어로만 파악 가능한 것이지만, 언어적 사실들로부터 구분되기 위해서는 하나의 특수한 성격을 가지고 있다.

언뜻 보아서 이러한 진보적인 숙고 작업을 통해 나타난 텍스트의 언어학적 기술에서는 언어학의 철저성 때문에 문체를 식별하기가 쉽지 않을 것이라는 생각을 발견하게 되지만, 텍스트를 구성하는 언어 사실 가운데에서 문체적으로 관여적인 것, 다시 말하면 독서하는 데 어떤 충격을 가하는 것들을 두드러지게 특징짓기 위해서는 특별한 기준들이 필요하다. 리파테르는 문체를 "언어적 요소들 중 연속적인 몇 개의 요소를 독자의 관심에 부과하는 강조"(1971, p.31)로 정의한다. 그가 의사소통이론(communication)에서 영감을 받아 빌려온 여러 어휘(용어)들은 바로 수단이 되는데, 메시지의 발신자는 '예측 불가능성(non-prévisibilité)'의 효과[25]를 수단으로 삼아 해독자의 관심에 활기를 주면서 메시지의 해독을 조정한다.

그에게 있어 문체론적 과정은 유형(pattern)에 이러한 예상치 못한, 즉 예측 불가능한 요소들을 삽입시킴으로써 문체적 강조가 이루어지는 것이므로 맥락을 바꾸는 간극(rupture)의 효과와 이전의 요소에 대한 언어적 요소 연속(시퀀스)의 예측 불가능성에 의해 생기는 것과 다르지 않다. 만약 사용자가 누구냐에 따라 문법이 달라질 수 있다는 의미를 가진 '사용자의 사용이 곧 문법'이라는 언어적 자질이 그것과 대조되는 어떤 문맥에서 발생한다면 그것은 예측할 수 없는 것으로 보인다.[26] 이러한 예로써 코르네이유의 시구 "별들에게 쏟아지는 어두운 밝음(Cette obscure clarté qui tombe des étoiles)"을 들 수 있는데, '어두운 밝음(obscure clarté)'과 같은 통사적 연접에 의해 구성된 모순 어법에서 '밝음(clarté)'은 의미적으로 '어두운(obscure)'에 비해 예측 불가능한 것으로 보이며 이것은 하나의 문체론적 장치이자 과정인 것이다.(p.70) 이처럼 문체론적 과정은 대조의 이원 구조이고, 텍스트의 선적 진행(추이)의 순간은 불연속적으론 제한된 구조, 즉 점괄적點括的 구조이다. 또한 리파테르의 문체론은 효과만을 분석하기 때문에 효과(l'effet)에 의한 문체론이다. 따라서 그의 문체론은 저자가 독자에 대한 지배권을 행사한다는 사실을 전제하기 때문에 저자의 실제적 의도들을 밝힐 수 있는 문체론이라 할 수 있다.

이러한 문체 과정의 정의는 낱말들 자체에 문체적 가치의 의미를 부여하지 않고, 낱말들의 문맥적 관계들에 가치를 둔다는 점에서 구조적이다.(p.88) 또한 그것은 일탈의 개념에 근거하며, 규범은 맥락(contexte)에 의해 대치된다.27) 이러한 맥락적 규범은 텍스트에서 항상 명백하게 드러나는 것이 아니다. 예를 들어 문체의 역할을 위한 상투적 문구의 일신은 또 다른 상투적 문구의 출현을 필요로 하지 않으며, 또한 일상에서 사용된 상투적 문구도 독자의 언어 능력에 속한다고 할 수 있기 때문에 독자는 상투적 문구의 문체론적 새로움을 포착할 수 있는 것이다.(p.169)

리파테르의 주된 관심사는 학문으로서의 문체론을 확립하는 데에 있다. 그는 문체론을 실천의 상황(l'état de pratique)이나 방법론적 기초가 결여되었거나, 적절하지 않은 고찰에 의거한 것으로 보는 이들에 반대한다. 그렇기 때문에 그는 스피제와 같은 독일학파들의 중심 사상인 주관주의를 준엄하게 비판하고, 문체론을 언어 예술로 보는, 즉 언어학의 범주들과 방법론을 문학적 문체 연구에 적용하는 야콥슨의 접근이 적절하지 못하다고 비난하면서 프랑스 학파의 실증주의(positivisme)를 받아들이고, 따라서 객관적 문체 분석을 파악하기 위한 새로운 기준을 제안한다.

인상주의적 주관주의, 규범의 수사학, 그리고 시대를 초월한 미학적 판단은 아주 오랫동안 문체론의 발전을 과학으로 발전시켜왔는데, 특히 그것들은 문체론을 문학적 문체들

의 학문으로 오랫동안 제한해 왔다.[28]

한편 그는 언어와 문체의 유사성을 이유로 들면서 언어활동의 문학적 사용을 객관적이고 정확하게 서술하기 위하여 언어학적 방법들의 사용을 추구한다.(p.90) 따라서 리파테르가 구조 언어학에 의한 분석 방법들의 사용으로 문체 이론을 확립하고자 하는 이유는 바로 "문체론적 현상들은 언어활동으로부터 파악되기 때문이다."(1959, pp.154-174) 이러한 그의 가정은 결국 문체론을 언어학의 한 분파로 정의할 수 있게 한다. 게다가 리파테르는 단지 비판에 머물거나 만족하지 않고 그의 이론을 실제에 적용할 수 있는 엄격한 기준들로 사용한다. 이를 위해 그는 나름대로의 독특한 방법과 이 방법에 적합한 용어들을 만든다.

리파테르가 정의한 첫 번째 방법론적 문제는 분석의 단위에 관한 것이다. 만일 몇몇의 언어학자들이 문장을 언어 분석의 최대 단위로 여긴다면, 그의 문체론에서는 문장보다 더 커다란 단위들과 관계한다. 소설에서 작가가 독자에게 미학적 의도와 같은 특별한 중요성을 부여한 형식적인 자질의 여러 가지 변수가 한 예인데, 리파테르는 이를 '최소 약호 해독(décodage minimal)'과 '최대 약호 해독(décodage maximal)' (1960, pp.318-344)의 개념과 관련된 '문체적 맥락'에 대해 언급할 때 밝힌다. 그에 따르면 약호 해독의 제어는 예측하기 어려운 복잡한 요소들의 출현으로 얻어지는 것이므로, 문체적 맥락은

예측할 수 없는 요소에 의해 무너졌거나 파괴된 '유형(pattern)'
이라 정의한다. 따라서 대조하는 요소는 문체 장치이기 때문
에 그는 언어와 문체가 가진 특징, 즉 문체 사실을 염주처럼
연속적으로 이어진 상태로 간주하지 않으며 양극ㅡ즉, 맥락과
문체 사실ㅡ을 서로 분리되지 않은 항들(맥락과 문체 장치)의
이원적 대립으로 간주한다.

그에 따르면 한 텍스트의 문체ㅡ심지어 한 작품의 또는 한
저자의 문체ㅡ는 문체론적 과정들의 총체가 아니라, 예측할
수 없는 요소들에 의해 갑작스럽게 파괴되거나 생겨날 수 있
는 언어 구조적 관계들이다. 이러한 확장된 방법이나 관점들
을 살펴보는 첫 번째 단계를 위해 리파테르는 문체적 맥락을
문체 과정에서의 상호적이고 생산적 맥락에 가까운 미시 맥락
(microcontexte)과, 이러한 문체 과정의 외적 그리고 그것보다
앞서는 최초의 분석이자 다양한 확장인 거시맥락(macrocontexte)
으로 구별한다. 그러면 그가 제안한 이러한 용어들을 구체적
으로 살펴보자.

미시 맥락

미시 맥락은 구조적 혹은 의미론적 관계에 의한 언어적 체
계의 이원적 구조들 가운데 하나로, 문학적 요소의 연속체에
서는 무표의(non-marqué) 특징을 지닌 요소들로 이루어진다.
구성 요소, 즉 어군(맥락＋구성요소(éléments constituants))은 서

로 대립되는 구조로서 문체 사실을 형성한다. 미시 맥락은 아래와 같은 필수적인 특징들을 갖는다.

가) 미시 맥락은 이원적 대립항의 한 항으로서 구조적인 기능을 하기 때문에,
나) 미시 맥락은 이원적 대립항의 다른 상대항이 없이는, 즉 일탈과의 관계가 없으면 어떤 효과도 가져오지 못한다.
다) 미시 맥락은 이원적 대립항에 대한 다른 항과의 관계에 의해 공간적으로 제한된다. 달리 말하면, 미시 맥락은 대립과 무관한 요소들을 포함하지 않으며, 한 언어 단위로 한정될 수 있다. 미시 맥락의 구성요소들은 다수이거나 불연속적이다.

이러한 미시 맥락은 '대조(contraste)'의 개념(이것은 바이이에 있어 일탈과 같다)과 밀접한 관계를 맺고 있으며, '예측 불가능성', 즉 내적 문맥에 의해서 인정된 예측 가능성의 정도와 정비례한다. 그러면 이러한 미시 문맥에서의 문체 사실을 보여주는 두 예문을 보자.

1) mettez un tigre dans votre moteur.
당신의 자동차 엔진에 한 마리의 호랑이를 넣으시오.
(자동차 윤활유 광고에서)

2) vos pieds rêvent de couleurs.

　　당신의 발은 색깔을 꿈꾸고 있습니다.

　　(양말 광고에서)

　예문1의 'tigre(호랑이)'와 'moteur(자동차 엔진)', 예문2의 'pieds
(발)'와 'rêvent(꿈꾸다)'에서 별개의 단위로 사용된 각 낱말의
의미는 예측 가능하다. 그러나 그것들을 단일 구조의 구성 요
소들로 보면 거의 개연성이 없거나 예측 불가능한 단위를 이룬
다. 마찬가지로 앞서 인용된 표현 '어두운 밝음'은 한 단위로
이해될 수 있는 문체 장치인데, 이 문체 장치는 분리된 구로서
의 사용 이후에도 현재까지 계속해서 빈번히 인용된다. 이러
한 구의 사용으로서의 문체 장치를 약화시킬 만한 어떠한 다
른 연합이 아직까지는 없는 것이다.

　게다가 각 어휘소의 내재적 의미 자질을 고려하면 '호랑이'
는 '자동차 엔진'과, '발'은 '꿈꾸다'와 대조를 이루고, 이 구
조들을 의미론적으로 성분분석을 해보면 '호랑이'는 '생명이
있는(+animé)', '자동차 엔진'은 '생명이 없는(-animé)' 의소意
素를 갖기 때문에 두 요소들은 서로 모순 또는 비양립성의 관
계에 있다. 따라서 이것은 일차적으로 해독 가능한 기호 체계
를 넘어선 문체 사실을 구성하고 있다. 환언하면, 앞서 말한
바와 같이 문체의 문맥은 예측할 수 없는 요소의 출현에 의해
깨진 언어 유형이고, 여기서 생기는 두 요소 간의 대조는 문체
자극인 것이다. 이때 독자(수신자, 분석가)는 텍스트가 약호화

의 체계를 넘어서거나, 문체 효과들이 담긴 사항을 찾아내며, 그는 곧 문체적 예고자(avertisseur stylistique)가 된다. 왜냐하면 리파테르가 강조하듯이, 독자는 "저자에 의해 고의적으로 암시된 표적 또는 대상"(Hardy, 1969, p.93)이기 때문이다. 그는 객관성과 철저성(exhaustivité)의 극대화를 꾀하기 위하여 모든 독자의 총체, 예를 들면 정보 제공자들, 문학 비평가들, 번역가들, 사전에서의 예시들에 의지하기도 한다.

거시 맥락

거시 맥락은 문체자질을 제공하는 모든 언어적(반복, 은유, 과장, 도치 등) 또는 언어외적(억양, 몸짓 등) 표현 수단인 문체 장치에 선행하며, 설명이 불가능한 작가의 언어적인 나쁜 습관(tic)의 사용과 같이 문체 장치의 외부에 존재하는 문학 메시지의 일부분이다. 이러한 거시 맥락은 사실상 우리가 흔히 말하는 맥락(contexte)에 가장 가까운 개념이라고 할 수 있으며, 그것은 대조의 무표적 요소들, 즉 예측 불가능한 요소와 밀접하게 연관되어 있다. 문체 분석에서 거시 맥락은 문체 장치와 일치하지 않는, 다시 말하면 작가의 심리적인 상태에 따라 독자의 다양한 반응을 보이는 불확정성의 영역이기 때문에, 거시 맥락은 일반적으로 의미가 더욱 커지고 늘어나는 증폭기와 같은 역할을 한다. 따라서 "거시 맥락은 문체 사실보다 앞서 일어나며, 문체 사실과는 무관한 문학적 메시지의 부분이고,

(중략) 약호 해독의 공간적 방향은 정보를 축적할 수 있으며, 정보는 결국 복합적 문체 사실인 미시 맥락과 대조적 요소의 합에서 생긴 효과를 수정한다.”(1960) 그러면 이러한 문체 단위의 겹침 가능성을 설명할 수 있는 두 유형의 거시 맥락을 보자.

a. 맥락→ 문체 사실→ 맥락

이 유형은 맥락 모형에 의한 문체 사실 이후에 발생하는 것으로 문체 단위의 첫 번째 구성 요소인 맥락이 다시 재개되는 것이 특징이다. 이러한 유형의 빈번한 예로는 이미 익숙하게 사용하고 있는 약호에 낯선 단어(차용어, 고어, 신조어)를 아무런 관계없는 맥락에 삽입함으로써 문체 장치를 비정상적인 것으로 만든다.

b. 맥락→ 새로운 맥락을 돕는 문체 사실→ 문체 사실

이 유형은 동일한 유형의 문체 사실이 반복되어 나타나는 특징을 지닌다. 예를 들어 하나의 고어 말투에 의한 문체가 등장한 후, 점차적으로 그 말투의 사용이 급증하여 포화 상태에 이르게 되면 결과적으로 그 고어의 문체가 가지고 있는 특별한 대조의 가치는 점점 그 본래의 의미를 잃게 됨으로써 새로운 맥락의 구성요소들로 대체된다. 따라서 고어의 특정 요소

를 강조하는 문체 사실의 기능은 사라지거나 파괴되고 만다. 이러한 거시 맥락은 문체 과정과의 결합이 가능하며, 그 결과로 인하여 재구성될 수 있다.(1971, p.83, p.86) 이러한 현상은 내적인 문체 사실은 항상 변화하며, 동일하지 않다는 것을 보여주고 있다.

이처럼 리파테르는 두 유형의 맥락 과정을 통하여 텍스트의 내부적이고, 내재적인 구성의 문제를 상정한다. 문체적 관점에서는 보면 그의 이론은 엄격하고 논리적인 긴밀성 이외에도, 상당히 중요한 관점을 지닌 비평을 구성한다. 그의 비평은 바이이의 기술적 문체론과 스피제의 발생론적 문체론, 그리고 야콥슨의 방법(언어의 시적 기능)[29]을 거부하는 것이다.

저자의 입장에서 문체는 텍스트와 밀접하게 관련되어 있고, 독자에게 보내진 부가적(이차적) 혹은 함축적 의미, 즉 표현적 공시(connetation expressive)들이 강조된 표현력이다. 표현적 공시들은 텍스트와 독자 사이의 관계에서 정의되기 때문에 문체론의 제반 문제는 한편으로는 텍스트에 대한 독자의 반응을 확인하는 것이며, 또 다른 한편으로는 텍스트의 형식 속에 있는 반응의 근원을 찾는 것이다. 이러한 사실로 미루어 볼 때, 리파테르는 저자의 본성, 문화 그리고 독자가 알지 못하는 의도들에 관한 어려움을 제기하면서 발생론적 문체론을 비판한다. 사실 문체 효과는 맥락 속에서 언어기호의 상황에 달려 있지, 선험적으로 맥락과 동떨어진 사용 범위의 낱말들과 관련된 추상적 가치에 달려 있는 것은 아니다.

대조의 효과

　리파테르는 문학 텍스트의 문체적 대조에 주목한다. 그는 문체적인 관점에서 볼 때 유표30)적이지 않은, 즉 무표적인 대조가 언어 규범의 역할을 하며, 맥락에서의 표현적 자극은 대조로 나타난다고 생각했다. 그에 따르면, 만약 언어 자질이 대조되는 어떤 문맥에서 생겨난다면 그것은 예측할 수 없는 것이다. 그러므로 앞서 살펴본 '어두운 밝음'이라는 표현은 둘 다 명암을 나타내는 의미장에 관계하면서도 서로 결합될 수 없는 상호모순관계에 있으며, 이 두 단어들은 효과적인 대조에 의한 문체 장치가 된다. 그에 따르면 이와 같은 모순 어법(oxymore)은 단일 구조의 구성 요소들로서 최소한 실재할 수 있는 단위를 형성한다고 한다. 따라서 이러한 의미의 간격에서 나타나는 대조의 효과는 예상하지 못한 낱말로 구성된 두 요소 간의 의미적 일탈이다. 이러한 일탈은 각 낱말이 가진 내재적 가치보다는 '사용'이라는 측면에서 볼 때 중성적 낱말과 대립된다. 다시 말해 이는 언어에서의 기호 가치와 언술에서의 기호 효과 사이에서 나타나는 차이인 것이다. 그러므로 전언(message)의 문체적 구조는 단지 일련의 예측 불가능한 언어의 자질들에 의한 것이 아니라, 단위들이나 문체적 장치들의 구성으로서 적어도 하나, 혹은 그 이상의 맥락 자질들의 유형들에 의해 나타나는 것이다. 이러한 맥락 내에서 드러나는 대조의 효과는 의미의 가치와 밀접하게 관계하는 관여성

(pertinence)을 규정하기 위하여 일탈이라는 개념으로 간주할 수 있다.

게니에에 따르면(1969, pp.34-45), 문학 작품의 생산은 언어 활동의 세 가지 구조, 즉 사회 언어, 개인 언어, 그리고 문학 작품인 개인 언어의 특별한 실행에서 분석된다는 생각에서 출발하기 때문에 일탈은 이러한 세 가지 구조와 대비하여 설정된다고 한다. 그가 제시한 세 가지의 구조가 만들어내는 정의들은 다음과 같다.

> 가. 일탈은 '언어적 코드를 위반하는 개인 언어의 모든 행위'이다. 그가 지적하기를, 이러한 정의는 일반적으로는 가장 최선의 선택이 되지는 않더라도, 소위 '분류하기 쉬운 목록'들을 작성할 수는 있는 것이다.

> 나. 사회 언어의 수준이 아닌 개인 언어의 차원에서 일탈에 관해 내릴 수 있는 두 번째 정의는 '무표의 차원에서 개인 언어의 위반을 구성하는 모든 행위'이다.

이러한 사실은 문체론자들에게 가장 잘 알려진 일탈에 대한 정의로 일탈에 의해 실현되는 심리적 원의(étymon psychologique)의 연구가인 스피제와 중심어(mot-clé)의 분류와 열거를 권장하는 기이로가 제안하는 문체 관계(텍스트의 직관적 접근 방법), 언어 관계(수학적, 통계적 접근 방법)와 만나게 된다. 이러한 정의는 두 가지 문제점을 가져다준다. 첫째, 만일 유표/무표의 대립이 사회 언어의 수준에서 관련이 있다면, 이러한 대립에 대한 개인 언어로의 적용은 이론의 여지가 있다. 둘째, 일탈이 제공하는 위반의 모든 분류 목록이 문체 분석을 위해서는 용이하나, 이러한 일탈이 여러 의미를 나타내는 문체 사실을 자의적으로 제거할 수 있다는 사실은 적절하지 않다.

> 다. 세 번째 정의는 작품 자체에 의해 구성된 총체를 고려하는 것이다. 즉, "개인 언어의 모든 사실은 맥락의 기능을 지배하는 법칙의 위반을 구성한다."

그러나 이러한 세 가지의 일탈 구조에서 우리가 주목해야 할 것은 첫 번째 의미로 사용되는 일탈과 세 번째 의미의 일탈은 사회 언어와 텍스트 간의 긴장 관계를 고려해보았을 때 서로 다른 유형, 즉 양립하지 못하는 관계에 있다는 점이다. 사실 이러한 경우 언어에 대한 일탈은 텍스트로부터 부여받은 구성 요소가 되기 때문에 게니에가 강조했던 다음과 같은 언술을 주목할 필요가 있다.

> 미쇼의 신어법 혹은 클로델의 고풍스러운 말투는 텍스트의 등급을 제공한다. 마찬가지로 독자가 직접적으로, 본능적으로 언어학적 규범의 위반처럼 느끼는 작품인 '그라비누토르'에서의 구두점의 부재는 텍스트의 중요한 구성 성분들

중의 하나가 된다.

한편 이와 같은 일탈의 개념과 관련지어 유사한 정의를 내리는 델부이의 네 번째 정의를 주지할 필요가 있다.

혼히 말하기를, 이론가들에 의하면 규범은 때로는 공통의 사용이나 중성의 표현처럼 인식되기도 하고, 혹은 특정한 사용의 평범한 표현으로 이해되기도 한다. 저자가 강조하기를 이러한 세 가지의 정의에 리파테르의 정의인 네 번째 정의를 첨가시켜야만 하는데, 이 정의에 따르면 문체 사실은 맥락과 대비하여 스스로 정의되고 드러나며, 그 맥락 속에서 문체 사실은 자리를 잡게 되는 것이다.

수렴과 초독자

문체 장치의 효과는 의미적 가치들과 음성적 가치들의 조합과 같이 여러 언어 층위에서 나타나며, 하나의 의도를 향해 여러 문체 장치의 축적이 일어난다. 이때 각 문체 장치는 그 자체로도 표현성을 갖지만 그것들이 결합하여 상호간의 표현성을 축적시키거나 증가시킨다. 이 경우 문체 효과는 하나의 특별한 인상적 강조로 수렴되어 뚜렷하게 나타난다.[31] 예를 들면 비정상적 어순인 도치법, 반복법에 의한 강조 의미와 창조된 리듬의 형성, 리듬을 강화하는 강력한 조합, 일반적인 은

유법의 사용(추상성에서 구상성으로)과는 다른 강조된 은유(구상성에서 추상성으로) 등으로 사용되는 경우 등이 있다. 이러한 복합적으로 함께 작용하는 문체 자질들의 표현성의 축적을 '수렴(convergence)'이라 부른다. 수렴에서 작가는 약호들을 통제하며, 독자는 의미 있는 단어에 관심을 갖게 된다. 이때 독서의 속도는 감소되고 관심은 여전히 남아있으며 문체 효과는 창조된다. 수렴은 누적되는 속성이 있기 때문에 문체 장치의 지각 가능성을 쉽게 해주며, 강조하는 단어의 다의성을 한정하면서 의미의 맥락으로 기능하기도 한다. 따라서 작가의 의도는 훨씬 명확해진다.

그러나 독서에 있어 대조와 수렴의 두 개념은 주관성이 함축하는 것과 리파테르가 선택하는 '중간(평균)독자(average reader, 이 개념은 '중간층의 독자'란 개념이 아니라, 독자 혹은 비평가를 뜻한다)'와 더불어 포착된다. 텍스트의 인지는 문체연구가에 의해서 이루어지는 것이 아니라, 한 사람 혹은 여러 사람의 편견 없는 평균 독자에 의하여 이루어진다. 자극과 반응을 기초로 하는 행동주의적 의미 파악에 해당하는 이 최초의 독자는 후에 재구성된 '초독자(archilecteur)'라는 이름으로 대체된다.

그가 창안한 방법론적 장치로서 초독자는 본질적으로 제보자(informant)들－독자, 비평가, 번역자, 시인 등을 포함－에 의해 텍스트에서 나타나는 반응(문체적 자극, 문체적 의도)의 합계를 일컫는데, 이는 의사소통에서 비언어적 기능을 가진 특징들 중 전언의 문체적 자질이나 자극들을 가려내는 데 기여한다. 이러한 언어 규범으로부터의 일탈과 같이 작용하는 문체적 자극을 찾아내기 위하여 리파테르는 발견적 요소로서 중립적인 초독자를 참가시키는데 그들의 문체 반응은 문체 해석가들에 의하여 분석되고 해석된다. 또한 초독자는 문체적 자극의 유용성을 규명하는 임무를 완수하는 해석적 장치 또는 발견적 과정에 해당하기 때문에 텍스트에 문체적 장치들을 위치시키는 데 쓰이며, 언어 분석은 이 장치들의 구조를 설명하는 임무를 띤다.

그가 시사하듯 실제의 텍스트 분석에서 초독자의 주관적 준거는 맥락 내에서의 대조적 요소들을 보다 더 객관적인 준거로 삼는 경향이 있다고 한다.

> 초독자의 반응이 아무런 맥락적 대조도 가지고 있지 않다면 (중략) 우리는 텍스트에 대한 초독자의 지나친 반응이나 잘못이 있을 수 있다는 사실을 가정할 수 있다.(1959, p.170)

따라서 문체 현상의 제보자인 독자가 맥락에서 대조의 예들을 제외한 다른 것을 알아채지 못한다는 점에서 초독자의 반응보다 맥락 내에서의 대조가 더 우선함을 알 수 있다. 환언하면, 문체적 자극들의 확인에서 문맥적 대조라는 언어 구조의 존재는 우선하며, 그 다음이 초독자의 반응인 것이다. 이런 의미에서 객관적 언어 자료 그리고 그것에 의한 언어학적 분석은 반응의 주관적 자료보다 우선한다. 문체 연구가는 더 이상 자신의 문체 감정에 의존할 수가 없는 것이다.

이렇듯 리파테르의 문체론은 문체 구성에 있어서 수용(réception)의 근본적 역할을 강조한다. 그는 의사소통이론에서 시작하여 문체의 기능에 관한 그의 이론적 관점에 특별히 어울리는 문체 분석의 방법을 발전시키는 데 관심을 두었으며, 언어과학에서 이루어진 최근의 발전을 이용해야 한다고 믿는다. 리파테르의 문체론 접근은 방법을 이론으로 적용하려는 것이다. 의사소통적 기능으로서의 언어의 적응이라는 수단들에 관련된 그의 문체 분석은 문체의 언어적 구조, 그리고 하위 구조의 분석 방법에 대한 그의 모델을 통해 이해된다.

리파테르가 제시한 미시 맥락과 거시 맥락의 구별은 텍스트를 총체로 고려했을 때 세부적 그리고 전체적 관계를 가동시킨다. 이러한 구조적 선결 조건들은 문체론을 텍스트의 울타리에 숨기고 있다.32) 그가 "인상주의에 입각한 문체론 연구에 정신적 고통을 느끼면서"라고 자신의 마음을 토로하고 있듯이, 문체론은 당연히 '형식적이고 구조적'이어야 할 의무가 있다.(p.112) 즉, 그는 스피제의 인상주의를 객관주의로 대치시키고 있는 것이다. 바이이가 문체론을 언어에서의 '표현성'의 연구로, 야콥슨은 문체론을 '언어 예술'의 연구로 보는 데에 비해, 리파테르는 문체적 탐구들의 '대상(objet)'으로 정의한다. 그러면 그 대상의 특수성은 어디에 있는가? 한 텍스트의 문체

적 특수성은 '텍스트의 본질을 이루는 모든 것의 균형'이라
정의할 수 있다. 그리고 그 분석은 그때부터 관계가 있는 모든
성분의 비교적, 그러나 가능한 한 상세한 통합을 필요로 한다.
이러한 가정에서 비추어 보아 그와 같은 비교적 지배 구조에
만족하는 유일한 사실은 해석적인 선택을 함축하고 있다.

나가는 글 : 문체론의 성공과 실패

　아직은 낯설어 보이는 문체론이란 분야의 연구는 문헌이나 논문들에서 볼 수 있듯이 현재 국내외적으로 많은 연구가 이루어지고 있다. 무엇보다도 문체 연구방법론으로 제시한 주요 문체론 학파들의 지배적 역할은 매우 크고 중요하다. 그러나 이러한 연구방법들을 분류하는 어려움은 무시할 수 없으며, 가끔은 서로 어울리지 않은 부조화를 낳기도 한다. 앞서 소개한 대로 언어학적 또는 문학적 문체론, 의도 또는 효과의 문체론(발생론적 또는 기능적), 형식적 또는 주제적 문체론, 서술적 또는 해석적 문체론, 객관적(형식에 치우친) 또는 주관적 문체론 사이에서 간격은 늘 존재한다. 예를 들어 직관에 입각한 레오 스피제의 실제 분석은 조사보다는 전시의 방법, 주관적 실체(리파테르, 1971, pp.120-121)라고 말한 바와 같이 이론의 여지가 남아있으며, 피에르 기이로는 작가의 어휘를 구조화하기 위하여 문체론의 장(어휘장의 모델에 관한), 주제어(자주 작가에서 볼 수 있는)를 적절하게 제안하고, 특히 통계학을 도입한다. 그렇지만 이러한 문체 측정법(stylométrie)에 기반을 둔 통계학에 의한 문체론(기이로, 1969)에 전적으로 동의할 수는 없다.

문체론에 가해진 커다란 비난은 '문체론이란 학문의 연구대상이 아닐 뿐만 아니라, 그 연구방법도 뚜렷이 정할 수 없기 때문에 과학적이지 않다'는 것이었다. 그러나 문체론의 이론화는 1960년대 초 리파테르가 출간한 여러 논문의 덕택으로 관심을 되찾는다.

텍스트를 구성하는 언어 사실 가운데에서 문체적으로 관여적인, 다시 말하면 독서에 자극을 가하는 요소들을 뚜렷하게 특징짓기 위해서는 특수한 기준들이 필요하다. 리파테르의 문체론은 앞서 말했듯이 '효과들의 문체론'과 같이 나타난다. 왜나하면 그의 문체론은 효과들만을 분석하기 때문이다. 따라서 그의 문체론은 저자가 독자에 대한 지배권을 행사한다는 사실이 전제됨에 따라 실제적인 '의도들의 문체론'이라 할 수 있다.

가끔 문체론을 은폐하는 아주 최근의 학문 분야와 문체론과의 분쟁은 그것들이 서로 공유하는, 아주 넓고 다양한 연구영역과 분명히 관련이 있다. 그러나 문체론은 그 해석 방법에 대한 통합의 노력과 그 기술에서부터 가치 평가에 이르기까지의 이행을 총괄하는 것을 필요로 한다. 이러한 경우 우리는 문체론의 과학성에 대하여 언급하는 것을 단념해야만 하고, 결국 문체론은 불확실한 영역으로 남게 될 것이다. 왜냐하면 다양하고 유동적인 접근방법이나 조건들을 인정하는 문체론의 특성상, 그 연구방법의 보편성이나 통일성을 추구하기보다는 개별화(individualsation)의 가능성들이 행해지는 경우가 잦기 때문이다. 그러므로 문체론의 학문을 더 이상 사장시키지 않기 위해서는 텍스트 분석에서부터 해석에 이르기까지 그 학문 영역에 준거한 종합적 평가와 정확한 연구들이 더욱 필요하다(그러나 문체론적 생산이 그것에만 멈추지는 않을 것이다).

바이이, 스피제, 모리에, 리파테르의 문체론에 뒤이어 최근에 등장한 문체론들, 즉 시학, 기호학, 신수사학 등에 밀려 뒷전에 머물다가 문학성의 언어적, 형태적 조건을 연구 대상으로 설정함으로써 문체 자체의 내적 대화성과 다음성적인 특성을 강조하는 바흐친Bakhtine의 새로운 문체론, 문체론의 대상과 탐구 수단을 분명히 하는 몰리니에Molinié의 문체론(『프랑스 문체론의 요소들』), 마자레라Mazaleyrat의 영향력을 아직 예측할 수는 없다. 그러나 그들은 문체론에 있어 새로운 학파의 창설자로 인정받을 만하다. 문체론과 수사학적 개념에서 차용한 기초 개념들을 명확히 하는 특징화의 탐지 기술에 관한 그들의 수단은 "요소적이기보다는 기능적인"(p.31) 성격을 지닌 실용주의와 역사 문체론의 관점에서와 같이 화용론에 이른다. 이러한 수단은 무엇보다도 "그 분야에 남아서 연구하기"(p.201)를 바라는 사람들 가운데에서 옹호자들이 생겨날 것이다.

　지금도 문체론은 언어학과 문학 양쪽에 걸쳐 활발하게 연구되고 있으며, 언어 기호가 지닌 음성적 자질과 형상적 자질의 양면성을 비추어 볼 때 그 영역은 더욱 확대되어 갈 것임에 틀림없다.

1) 사전에 나와 있는 문체의 설명을 간추려보면 문체는 1)명칭, 2)법이나 관습에서 표준화된 방식, 3)우아하거나 유행하는 생활양식이나 행동, 4)특별한 기술이나 행위의 방법, 5)특이한 생활양식, 6)예술 표현에서의 뛰어난 자질이 있는 요소들의 적합성 또는 선택성, 그리고 7)조합에 의해 나타나는 개성을 가리킨다. 이 문체의 개념을 문학에 한정시켜보면 '구술 또는 언어에 의해 나타나는 사고 표현의 한 양태(mode)'로 정의하면서 첫째 개인, 시대, 학파, 집단의 특징적 표현 양태, 둘째, 내용과 메시지와는 다른 표현 양태 또는 형식에 관련된 문학의 유형, 셋째, 담화에서의 태도 혹은 어조 등으로 설명된다.

2) 문체 이론은 야콥슨의 연구에서 많이 인용·참고되고 있다. 그러나 스스로 문체론자로 칭하지 않았음에도 불구하고 그의 연구는 동시대의 문체 이론 연구들에 커다란 충격을 주었다. 그는 심지어 '문체'라는 용어조차도 언급하지 않았다. 대신 그의 이름은 시학에 관련된 그의 저술들 혹은 시적 언어에서의 문학성 연구에서 찾을 수 있다.

3) 명료성의 심화란 '하늘'이라는 기호가 지시성을 벗어나 그것의 물질성, 즉 '하늘거리다' '하늘하늘'과 같은 기호의 소리만을 강조하는 것이고, 명료성의 증대란 '하늘하늘'이 갖는 개념과는 전혀 관계없이 '흐늘흐늘' '흐느적흐느적' '하느적하느적'과 같이 유사한 개념으로 사용되지만 그 느낌이 다른 언어 기호에 관심을 두는 것을 뜻한다.(이승훈, 1993)

4) 언어학과 문체론의 관계에 대한 연구는 공시 언어학이 관철됨으로써 현재 언어의 체계, 즉 랑그와 파롤의 관심을 받게 된 이래로 심화되었다. 랑그에 대하여는 문체의 범주와 문체 수단도 체계성격을 띠고 있다는 사실 때문이며, 파롤에 대하여는 문체적으로 연구되는 개별발화의 문체가 문체의 초점이라는 사실 때문이다.

5) 문체의 종류는 사회구조나 계층, 지역 시대에 따른 사회적 문체(거시적 문체)와 기능 목적, 문학 장르, 표현 인상(수사

학), 문장의 형식, 표현수단인 개인 문체(미시적 문체), 개인
적 특징이 잘 나타나는 문예 문체와 시대적·사회적 특징이
나타나는 실용 문체 등으로 나눌 수 있다.

6) 문체라고 한다면 일반적으로 구체적 문장들에서 추출한 결과
확인할 수 있는 글 습관의 유형이다. 그래서 작가에 따라 개성
적으로 나타나는 글 습관(이광수의 글투, 채만식의 글투 등),
시대에 따라 다르게 나타나는 글 습관(고전 소설의 글투, 근대
시기의 글투), 글의 양식에 따라 나타나는 글 버릇(대중적인
글투, 보고서 글투 등), 목적에 따른 글 버릇(해학적인 글투)
등을 구분할 수 있다. 물론 일반적으로 중·고등학교에서 많이
거론되던 장중체, 만연체, 건조체, 화려체, 해학체 등도 전통
적인 문체의 구분 방법으로 아직까지 다루어지고 있다.

7) 문체는 유형적 문체와 개성적 문체로 대별되는데, 이때의 개
성적 문체는 흔히 문장 양식文章樣式을 가리킨다. 유형적 문
체는 '많은 표현에 공통되는 어떤 문체상의 특수성이 인식되
는 것'을 가리킨다. 표기 형식이나 어휘, 어법, 수사, 문장, 형
식에 따라 여러 가지 유형적 문체가 이루어지고, 시대나 지
역 사회에 따라 다른 유형적 문체가 이루어지기도 한다. 이
에 대해, 개성적 문체란 어떤 표현의 특수성이 유형을 띠지
않고 독자적인 성격을 지니는 경우를 가리킨다. 이는 작가와
작품에 국한되지 않으며, 넓게는 특정한 필자와 문장에 나타
난다.

8) 예를 들어 이문구의 『관촌수필』에는 사투리와 토속적 표현
의 의도적 사용이 주는 독특한 효과들이 있다. 농촌의 이야
기를 담고 있는 그의 작품에서 사투리는 향토성을 풍부하게
담아내는 데 아주 중요한 도구이다. 하지만 거기에는 그 이
상의 측면이 있는 듯하다. 이러한 효과들은 크게 두 가지로
요약된다. 하나는 사투리를 직접 사용함으로써 독자의 읽는
속도를 조절하고 독자가 글에 쉽게 몰입하지 못하게 하는 것
이며, 다른 하나는 특별한 미사어구가 없는 담담한 이야기의
전개 사이에 결정적으로 토속적인 표현을 사용함으로써 그
효과를 극대화시키는 것이다.

9) Guiraud (P), op. cit., p.11.

10) 문체를 결정짓는 또 다른 요소는 문채의 쓰임과 빈도이다.

문학적 문장은 대체로 표현하려는 대상을 비유 언어로 처리
한다. 문채는 크게 언어적 문채(전의법, trope)와 사유적 문채
(비전의법, non-trope)로 구분한다. 문채들 중 대표적인 언어
적 문채인 직유와 은유는 대상을 실감나게 표현하는 비유적
언어의 사용이며, 속담이나 격언의 구사, 상징적인 말, 풍유,
대유, 의성, 의태 등도 문채에 해당한다. 작가로서의 재능도
문채를 통한 소설문장의 묘미를 보여줌으로써 확인된다. 귀
에 익은 죽은 문채는 문장을 진부하게 만들므로, 되도록 참
신한 문채를 써야 자신만의 문체 효과를 얻는다.

11) Condillac, *Essai sur l'origine des connaissances humaines*, Paris, Galilée,
vol I, 1878. : R. H. Robins, *1Brève histoire de la linguistique*, Paris,
Seuil, 1976.

12) 18세기 이후 과학의 분화가 함께 해체되기 시작한 수사학은
오늘날 문체론, 문예 비평 화법의 세 부분으로 나뉜다. 수사
학의 가장 커다란 부분을 차지하는 문체론은 말이 아닌, 글
투에 치중하는 분야이다. 고전수사학의 규범성이 약해진 그
당시의 문체론은 언어표현의 적절성을 작가의 개성과 사회
의 가치 체계에 비추어 고찰하였다.

13) 흔히 문체 또는 양식으로 사용되는 style은 글이나 말과 같은
언어에 사용되지만, 문학, 건축, 예술, 가구 등에 이르기까지
광범위하게 사용된다. 따라서 우리는 '문체' '어법' '양식'
'스타일' 등으로 번역할 수 있다.

14) G. Lanson, *L'art de prose*, 1905~1907, p.224.

15) J. Hankiss, "Théorie de la littérature et littérature comparée", in
*Proceedings of thr second congress of the International Comparative
Literature Association*, Chapell Hill, 1959.

16) 부퐁(1707~1788)은 학술원 입회 연설에서 『문체에 관한 담
화*Discours sur le style*』를 발표할 때 위와 같은 아포리즘을 선언
하는데, 이것은 곧 문체론의 출발을 의미한다. 언어는 창조적
언어 주체인 개인의 잠재력과 상상력을 통하여 개성 있는 문
체를 드러내며 경험과 사고의 일체를 이룬다. 따라서 이 언
어관은 사고와 언어의 일치, 즉 신이 아닌 인간과 언어와의
동일시라는 언어관의 대전환이라 할 수 있다. "인간은 각자
자기만의 언어를 갖는다"(기이로)와 "언어는 민족의 존재 그

자체이며, 언어의 특성이 곧 민족의 특성이다"(흄볼트)라고
주장한 민족적 언어관과 일맥상통한다. 우리가 자주 인용하
는 "문체는 바로 그 사람이다"라는 말을 상기해 볼 필요가
있다. 왜냐하면 '문체=사람'을 가리킬 정도의 포괄적인 뜻으
로 풀이한다면 문체는 학문으로서의 기술적, 설명적인 문체
론의 의미를 넘어서 인간 심혼의 원리, 그것을 반사하는 거
울과 같은 구조적이 아닌, 탄생적이자 절대적인 의미로 받아
들일 수 있기 때문이다.

17) V. Darbelnet, *Stylistique comparée du français et de l'anglais*, Paris,
Didier, 1958. 비교문체론은 바이이의 문체론의 전통을 이어
받은 것으로 주로 번역 이론에서 많이 활용되고 있다. 소위
말하는 '번역문체(번역문의 문체)'는 각 번역 작품에 드러난
문체를 대상으로 할 것인지, 아니면 어떤 변화 요인(고유한
문체나 특수한 문체들)에 초점을 두고 일반화시킬 수 있는
문체를 문제 삼을 것인지는 여전히 불분명하다. 어쨌든 이러
한 문체론의 바탕이 되는 기본 개념들로는 언어기호, 의미와
가치, 랑그와 파롤, 문법적 구속과 선택, 과잉번역, 언어층위,
번역단위 등의 개념이 있으며, 특히 영어와 불어 간의 표현
수단들을 비교하는 외적 문체론과 번역의 7가지 방법, 즉 차
용, 모사, 작위적 번역, 전위 변조, 등가, 번안 등이 제시되고
있다.

18) Bally, op. cit., 1951, p.70.
아래와 같은 불어 부사의 상투적 표현(a)에서,
a) Il est (sérieusement) malade. (그는 병세가 대단하다.)
　　　 (gravement) (그는 병세가 중대하다.)
　　　 (dangereusement) (그는 병세가 위독하다.)
'중대하게(gravement)'라는 부사는 어원적 이중어(doublet éty-
mologique)의 의미를 갖고 있으나, 여기에 부사 '무겁게(griè-
vement)'를 적용시켜 보면 다음과 같은 비문법적인 문장을
이루게 된다.
b) * Il est grièvement malade. (그는 병세가 무겁다.)
그렇지만 반대로 c)와 같은 문장은 문법적 문장으로 수용 가
능하다.
c) Il est grièvement blessé. (그는 중상을 입었다.)

이상에서 볼 수 있듯이 어법상의 연속들에서 문제가 되는 것은 성구적 표현 때문도 아니고, 자율적 표현도 아닌 중간의 (intermédiaire) 경우이다. 다음의 예문을 보자.

d) Cet homme est fier dans le bon sens du mot.(상식은 그 회사를 비난하는 데 충분하다.)

이 문장에서 'bon sens'는 의미 변환 없이는 대치 작용이 일어나지 않는다는 점에서 관용어법적 단위이다. 즉, 이러한 합성되어 있는 낱말들을 분리하면 의미(signification)를 잃으며, 반드시 합성된 총체만이 의미를 갖는 것이다.

19) 그가 제시한 환기에 의한 효과들을 구성하는 두 조건을 보자.
   a) 참 또는 거짓의 표상, 특히 발화 주체의 의식 속에 존재하는 환경의 전형 또는 전통적인 표상의 존재가 필요하다.
   b) 환경에 대한 습관들을 상기하는 언어활동의 사실에 또 다른 관계인 '적응(adaptation)'(p.221), 즉 발화 주체가 의식적이거나 무의식적이거나 참고 집단의 언어에 적응한다는 사실이 부가된다.

20) 칼 보슬러의 문체 연구는 바이이가 일반 대중의 언어에 관심을 두고 있는 것과는 다르게 문학 작품의 언어를 탐구하며, 자의적이고, 개인적 요소를 제거한 객관적 형태의 문예비평이다. 따라서 그의 문체론은 언어미학과 동일시 할 수 있다.

21) 이러한 문헌학적 복원 연구는 세 단계로 이루어진다. 첫째, 작품의 분위기에 철저히 젖기 위한 노력으로 자신감을 가지고 끈기 있게 읽고 또 읽는다. 그리하여 어떤 문체적 특이성이 계속해서 일어나고 있는 것을 찾아내는 것이다. 둘째, 이 특징을 심리학적으로 설명할 수 있도록 노력하고, 셋째, 저자의 마음속에서 같은 요인을 가리키는 증거가 더 없을까 하고 찾아보는 것이다.(Ullmann, *Language and Style*, p.122, 김상태(1994) 135쪽에서 재인용)

22) 그의 문체 분석은 다음의 3단계로 구성된다
   a) 직관적 세부사항 고찰
   b) 겉으로 보기에 우연으로 나타나는 것과 공통성들의 확인
   c) 전체를 읽으면서 저자의 영적인 상태를 역추론하는 일. 여기서는 전체의 형식 원리를 추론하는 일도 포함된다,

23) 초기의 스피제에 있어 영감적 원의는 사실 작가, 그리고 그

작가가 소속된 집단의 심리적, 특징적 태도와 연관된다. 문
체적 일탈은 재능이 있는 작가가 문화적 변화에 따라 표현의
예언자임과 동시에, 어느 정도까지는 조작자로 드러날 때 광
범위한 차원 속에서 발견된다. 따라서 라블레적인 신조어는
비현실위에서 일어난 우스꽝스럽고, 무질서한 창조성의 지
표일 뿐만 아니라, 모험과 르네상스의 고유한 발견에 대한
낙천적 의미 효과일 수 있다.(pp.109-134). '~때문에'의 어법
으로부터의 일탈적 사용에서 찾을 수 있는 샤를르-루이 필립
의 소설에서 '뜻밖의 인과성'의 관계들의 급증은, 저자에 있
어, 삶의 숙명에 대한 체념의 형식인 '거짓의-객관적 동기
(motivation pseudo-objective)'를 증명할 수 있을 뿐만 아니라,
그 당시의 프랑스 사회에서는 사회적 붕괴의 과정을 확인할
수 있을 것이다.(p.57)

24) 참고문헌 참조.

25) 언어의 예측성은 통상적으로 작품 속의 문장이나 구를 읽을
때 전체를 주의해서 읽지 않고, 몇 개의 철자적 특징에서 단
어를 짐작하고 실제로 그 단어를 통해 전 문장을 재구성한다
는 것을 말한다. 연속된 한 부분에서 다소간의 정확성에 있
어 차이는 있지만 그 다음 문장의 특징을 예측해내는 것이
가능하기 때문이다. 이때 예측이 빗나갔을 때 다시 읽음으로
써 부주의를 보상받는다. 독자에게 해석의 자유가 주어지면
저자의 의도와는 달라질 수가 있으나, 이때 저자는 코드화
(encoder)과정에서 해독(decoder)을 통제해야만 한다. 예측성이
란 독자의 비약적인 해독을 가능하게 하므로 예측 불가능한
요소를 배치시키면 된다는 것이다. 왜냐하면 예측성은 피상
적으로 읽는 결과를 만들기 때문이다. 그러나 예측 불가능성
은 주의를 요한다.

26) 이러한 유형에 있어 대조적 원리의 결과로 개인적 문체와 문
학적 언어 간의 구별이 가능하다. 달리 말하면, 문학적 언어
는 예측 가능한 유형이기 때문에 작품 속에서 대조로 나타날
필요가 없다. 따라서 그것은 문체적 가치가 없는 언어에 속
한다.

27) 그는 규범을 맥락으로 대치시켜야 한다고 말한다. 모든 문체
장치는 평균독자에 의해 판명된 것이지만, 구체적이고 영구

적인 배경을 가진 맥락 없이 문체 장치는 존재하지 않는다. 맥락이 규범의 역할을 하고 이런 배경에서 문체가 만들어지는 것이기 때문이다.

28) A. Hardy, "Théorie et méthode stylistiques de M. Riffaterre", *Langue Française*, n.3, Larousse, 1969, p.90.

29) 구조주의 언어연구의 선구자인 야콥슨은 문체를 소쉬르의 기호관계이론에 연관시켜 언어체계의 모든 층위에서 언어요소의 계열적 관계와 통합적 관계 축의 틀 속에서 이루어지는 선택과 결합으로 보았다. 이러한 축의 요소들 간에 존재하는 등가성관계들은 특히 시 텍스트에서 풍부하게 나타난다. 그는 문체형성과 시적 텍스트 수성모형을 레비스트로스와 함께 보르레르의 시 「고양이*Les chats*」의 구조주의적 분석과 해석의 기초로 삼았다.

30) 유표(marqué), 무표(non-marqué)의 개념은 트르베츠코이, 야콥슨과 같은 1930년대 프라하학파에서 사용된 것이다. 대립하는 두 언어요소 중 한쪽은 중성적이고 다른 한쪽은 적극적이다. 전자를 표시되지 않은 것, 즉 무표라 하고 후자를 표시된 것, 즉 유표라고 한다. 예를 들면 영어나 불어 등에서 복수·단수의 대립을 보이는데, -s로 복수를 표시한 것을 유표라 하고 단수를 무표라 한다. 일반적으로 무표의 형태가 훨씬 더 일반적인 의미를 지니며, 유표화한 형태보다 훨씬 더 넓은 의미를 나타낸다.

31) 문체 장치로서의 수렴은 마루조가 간단히 지적(1946, pp.339-340)하였지만, 그때에는 그것의 발견적 가치만 보았지 중요성은 간파하지 못했다. 기이로(1980, p.45)는 수렴은 야콥슨의 결합축(axe de combinaison)과 레빈Levin의 연결축(axe de couplage)에 대한 선택축의 등가성의 투사 규칙(la projection du principe d'équivalence de l'axe de sélection)에 해당한다고 말한다.

32) 그의 굉장히 훌륭한 실제의 분석에서 리파테르는 상투적 문구와 협약적인 형식들의 변혁과 같은 일반적인 문제들에 접근하기도 하고, 위고의 "les Orientales"에서의 빛과 색깔에 관한 논의, 같은 작가의 시적 작품에서의 시각적 환영과 낱말들의 시화(poétisation), 「초현실주의의 시에서의 métaphore filé-

e」처럼 문집, 작품, 학파에 특유한 문체적 형식에 대한 연구
를 확대하면서 검토의 장을 넓혀 나갔다. 특히 "Chats"에 관
한 그의 분석은 소네트의 선조적 진행을 설명으로 만족하지
않으며, 또한 그것을 전체로 파악하지 않는다. 그는 거기에서
어둠 속에서의 매혹적인 시선의 의미 구조를 이끌어 내고,
다른 많은 보들레르의 시들과의 대조는 그의 작업 속에서의
확장을 증명한다.

참고문헌

김상태, 박덕근, 『문체론』, 범문사, 1994.

______, 『문체의 이론과 해석』, 새문사, 1982.

박갑수, 『문체론의 이론과 실제』, 세운문화사, 1977.

______, 『문체, 국어연구 어디까지 왔나』, 동아출판사, 1990.

이승훈, 『작시법』, 문학과 비평사, 1993.

이인모, 『문체론』, 이우출판사, 1978.

이태준, 『문장강화』, 박문서관, 1939.

황석자, 『현대문체론』, 한신문화사, 1987.

Bally, Charles., *Traité de stylistique française, Genève-Paris*, Georg. et Cie, Klincksieck, 2vols, 1951.

Breal, Michel., *Essai de sémantique*, Hachette, 1908.

Combe, D., *La Pensée et le Syle*, Eds. Universitaires, 1991.

Coupland, *Styles of Discourse*, Croom Kelm, !988.

Cressot, Marcel., *La phrase et le vocabulaire de J. K. Huysmans*, Slatkine Reprints, 1975.

____________, *Le style et ses techniques, Précis d'analyse stylistique*, PUF, 1983.

Delbouille, Paul., "Réflexions sur l'état présent de la stylistique", *Cahiers d'Analyse Textuelle*, No. 6, 1964.

Dupriez, Bernard., *L'étude des styles*, Didier, 1971.

Fromihague, C., et Sancier, A., *Introduction a l'analyse stylisituqye*, Dunod, 1996.

Gardes-Tamine, J., *La Stylistique*, Armand Colin, 1992.

Gueunier, Nicole., "La pertinence de la notion d'écart en stylistique", in *Langue Française*, n.3, Larousse, 1969.

Guiraud, Pierre., *Essais de stylistique*, Klincksieck, 1969.

__________, *La Stylistique*, PUF, 1975.

Hardy, A., "Théorie et méthode stylistiques de M. Riffaterre", in *Langue Française*, n.3, Larousse, 1969.

Karabetian, E., *Histoire des stylistiques*, Armand Colin, 2000.

Laneson, Gustave., *L'art de prose*, Libraire des Annales Politiques et littéraires, 1905~1907.

__________, *Essai de méthode de crituque et d'histoire littéraire*, Hachette, 1965.

Marouzeau, Jules., *Précis de stylistique française*, Masson, 1950.

Molinie, Georges., *Eléments de stylistique française*, PUF, 1986.

__________, *Vocabulaire de la stylistique*, PUF, 1989.

__________, *Qu'est-ce que le style?*, PUF, 1994.

Morier, Henri., *La psychologie des styles*, Georg, 1959.

Mounin, Georges., "Stylistique", *Encyclopédie Universalis*, 1985.

Riffaterre, Michael., "Criteria for style analysis", *Word XV*, 1959.

__________, "Stylistic Context", *Word XVI*, 1960.

__________, *The Stylistic Function*, Proceeding of the 9th Inter. Congress of linguistics, 1962.

__________, "Describing Poetic Structures", *Yale French Studies*, 36-37, 1966.

__________, *Essais de stylistique structurale*, Flammarion, 1971.

Robins, R. H., *Brève histoire de la linguistique*, Seuil, 1976.

Sebeok, T. A., *Style in Language*, MIT Press, 1960.

Spitzer, Léo., *Etudes de style*, Gallimard, 1970.

Todorov, T., *La notion de littérature*, Seuil, 1987.

Ulmann, Stephen., *Language and style*, Oxford, 1964.

Victor, L., *Analyses stylistiques*, P.U. de Provence, 1991.

문체론 文體論

초판발행 2006년 7월 30일 | 2쇄발행 2009년 3월 30일
지은이 이종오
펴낸이 심만수 | 펴낸곳 (주)살림출판사
출판등록 1989년 11월 1일 제9-210호

주소 413-756 경기도 파주시 교하읍 문발리 파주출판도시 522-2
전화번호 영업·(031)955-1350 기획편집·(031)955-1357
팩스 (031)955-1355
이메일 book@sallimbooks.com
홈페이지 http://www.sallimbooks.com

ISBN 89-522-0541-3 04080
        89-522-0096-9 04080 (세트)

* 잘못된 책은 구입하신 서점에서 바꾸어 드립니다.
* 저자와의 협의에 의해 인지를 생략합니다.

값 9,800원